Rudolf Dammholz

Sprachstudie aus dem Anfang des 17. Jahrhunderts

Rudolf Dammholz

Sprachstudie aus dem Anfang des 17. Jahrhunderts

ISBN/EAN: 9783744612579

Hergestellt in Europa, USA, Kanada, Australien, Japan

Cover: Foto ©ninafisch / pixelio.de

Weitere Bücher finden Sie auf **www.hansebooks.com**

Sprach-Studie

aus dem Anfang des XVII. Jahrhunderts

im Anschluss an

J. de Schelandre's Tyr et Sidon.

—→ ←—

Inaugural·Dissertation

zur Erlangung

der philosophischen Doktorwürde

an der

**Königlich Preussischen vereinigten Friedrichs·Universität
Halle·Wittenberg**

von

Rudolf Dammholz

aus **Guben,** Provinz Brandenburg.

———•—

Halle.

1887.

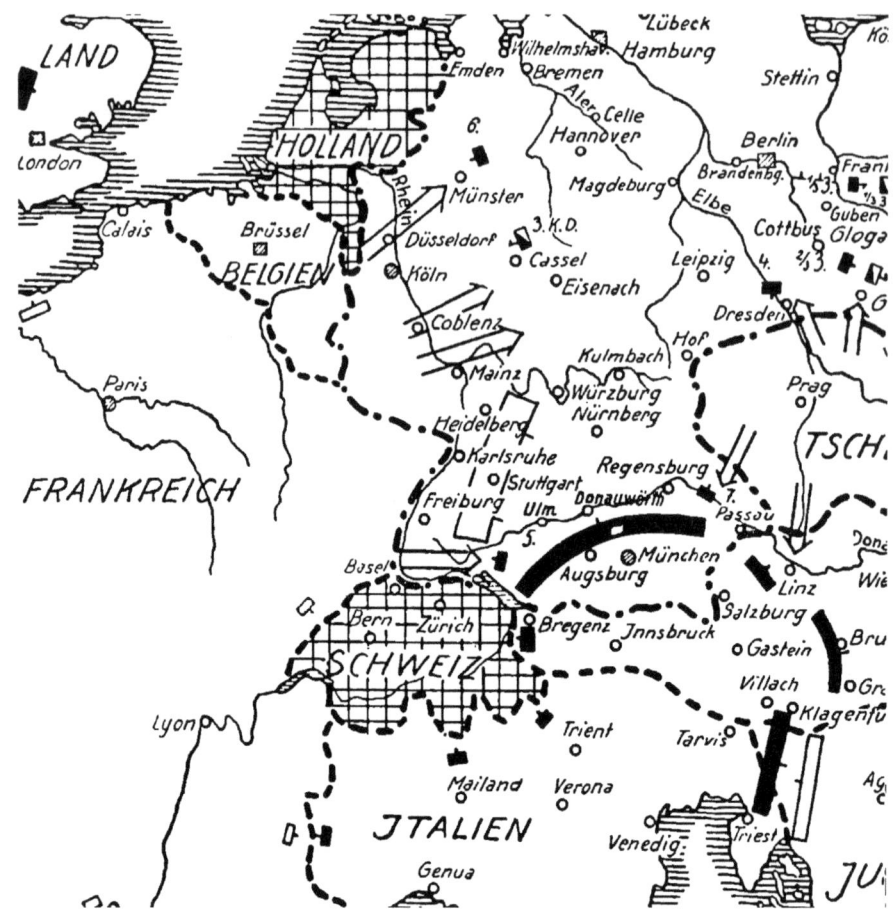

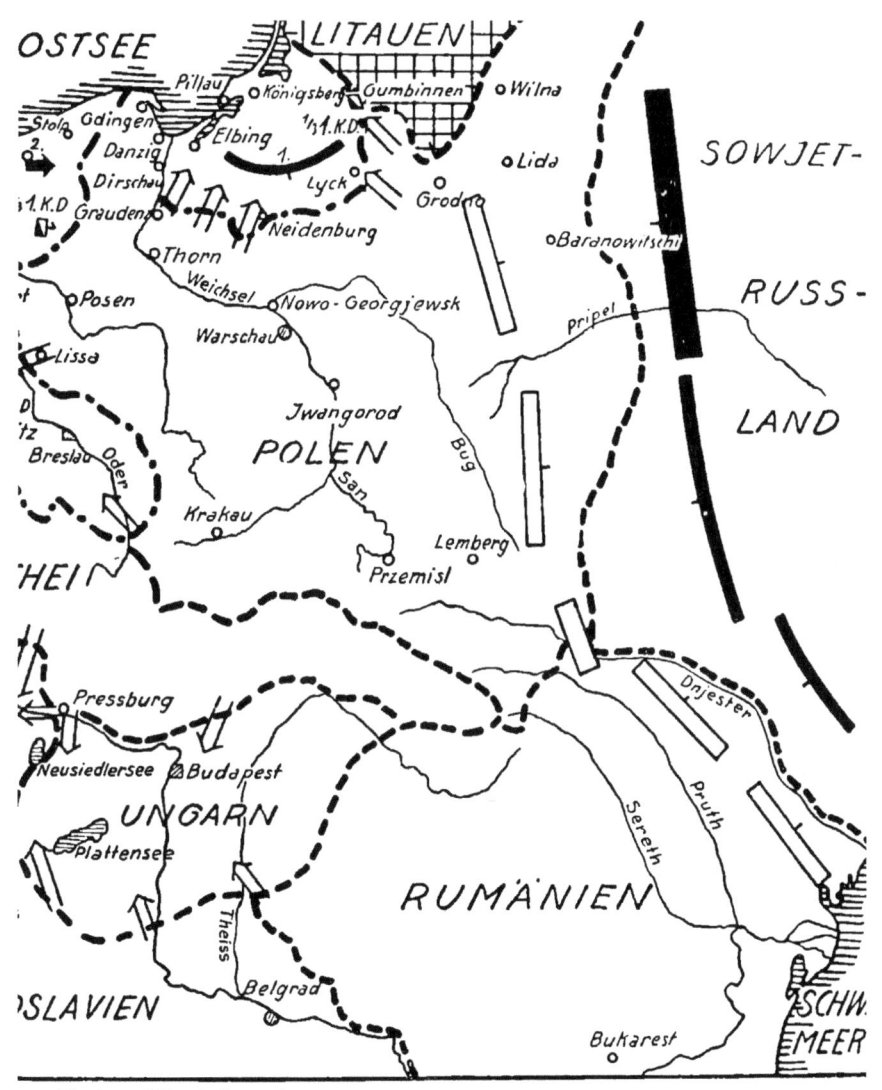

vertikalen Bündnissystems:
italienisches, englisches und Sowjet-Heer mit ungarischen,
österreichischen und Deutschen Hilfstruppen

horizontalen Bündnissystems:
französisches, jugoslawisches, tschechisches, polnisches und
rumänisches Heer

neutrale Gebiete

Curriculum Vitæ.

Rudolphus Dammholz, Gubenensis, die XXV m. Augusti
a. h. s. LVI natus sum patre Carolo, quo adhuc superstite
lætor, matre Guilelma, ex gente Sparmann, quam iam dudum
mortuam lugeo. ' Fidem profiteor evangelicam. Postquam litte-
rarum elementis in patriæ meæ Realgymnasio imbutus testimonium
maturitatis assecutus sum, m. Augusto a. h. s. LXXVI, numero
civium Universitatis Berolinensis legitime adscriptus in ordinem
philosophorum receptus sum. Cuius universitatis scholas per
quadriennium audivi, eodemque tempore lectiones in Philologiæ
Recentis Academia Berolinensi oblatas frequentavi. Ut
sermonem Francogallorum penitus cognoscerem, a. h. s. LXXX
per sex menses in Francogallia versatus sum.

In patriam reversus superiorum sententia Berolini dignus
existimatus, qui officio magistri fungerer, ad Realgymnasium
regium Berolinense adii, ubi nunc quoque versor.

Magistri mei doctissimi fuerunt: Droysen, Gaspary,
Harms, Henning, Herrig, Hoppe, Napier, Tobler, de
Treitschke, Zeller, Zupitza. Quibus omnibus optime de me
meritis gratias ago quam maximas, imprimis autem Tobler et
Zupitza, cuius seminario adscriptus per biennium exercita-
tionibus interfui.

Berolini, die Xᵒ m. Junii a. h. s. LXXXVII.

Die Autoren der Renaissancezeit haben hinsichtlich ihrer Bedeutung für die Entwickelung der französischen Sprache in einer stattlichen Reihe von Untersuchungen, von denen einem Autor zum Teil mehrere gewidmet sind, gebührende Würdigung erfahren.

Dieselbe litterarische Thätigkeit ist für die eingehende Kenntnis der Sprache der klassischen Autoren entwickelt worden, besonders in den dankenswerten Werken der Sammlung *Les Grands Écrivains de la France.*

Doch scheint mir auch gerade die Zeit unmittelbar vor den für die Formergreifung der Schriftsprache hochwichtigen Ereignissen des siebzehnten Jahrhunderts, wie die Konstituierung der Académie und das Erscheinen von Vaugelas' *Remarques* von solcher Bedeutung zu sein für die rechte Erkenntnis des Eingreifens jener Faktoren in den Gang der Sprache, dass ich selbst das genaue Studium eines Schriftstellers zweiten Ranges, wie Schélandre, aus dieser an Grössen armen Zeit nicht für verloren halte.[1]

[1)] **Verzeichnis der benutzten Litteratur.**

1) *Ancien Théâtre Français,* Tome VIII.
2) Diez: *Grammatik der Romanischen Sprachen,* 3 Bde. 3. Aufl.
3) *Les Grands Écrivains de la France;* Nouv. Éditions Publiées sous la Direction de M. Ad. Regnier, Membre de l'Institut.
  a. *Œuvres de P. Corneille* nebst *Lexique de la Langue de P. Corneille.*
  b. *Œuvres de Malherbe* mit *Lexique de la Langue de Malherbe* avec une *Introduction Grammaticale* par Ad. Regnier fils. Paris 1869.
  c. *Œuvres de Racine* nebst *Lexique de la Langue de Racine.*
4) Moland: *François Rabelais.* Paris, Garnier Frères. 1881.
5) Godefroy: *Lexique comparé de la langue de Corneille.* Paris 1862.
6) Génin: *Lexique comparé de la langue de Molière et de la langue et des écrivains du XVII siècle.* Paris 1846.
7) Benoist: *De la Syntaxe française entre Palsgrave et Vaugelas.* Paris 1877.

1

I. Substantiva,

welche veraltet sind, oder deren Gebrauch sich geändert hat:

1) amour, ursprünglich fem., wird im 16. Jahrhundert auch masc. gebraucht und ist seither zweigeschlechtig geblieben: 132, 24 *Vostre amour clandestine.* 158, 1 *Plus l'amour se deborde, et plus il se tarit.* 171, 11.

2) barre = Vorrang: 32, 9 *Je les (soldats rebutés) . . . ay tant affermis qu'ils ont barre aujourd'huy sur tous leurs ennemys.* Barre begegnet heute nur noch im Plural in dieser Bedeutung. Académie: „*Aroir barres sur qn. Aroir sur lui quelque avantage.*" Littré 8°.

3) batail = Klöppel. Littré: „*Anciennement battant d'une cloche*" gibt einen Beleg aus Rabelais, cf. auch Moland, Glossaire zu Rabel. S. 662. 97, 1 *O! que vostre batail est trop mal pour ma cloche.*

4) baye Acad.: „*Tromperie . . . Il est familier et vieilli.*" Littré belegt es bis auf Molière. Cf. Darmest. I, S. 184; Corn.

---

8) Vaugelas: *Remarques sur la langue française.* Nouv. édit. par A. Chassang. Paris.

9) Mætzner: *Französische Grammatik.* Berlin 1877. 2. Aufl.

10) Hölder: *Grammatik der französischen Sprache.* Stuttgart 1865.

11) Lücking: *Französische Grammatik.* Berlin 1883.

12) Darmesteter & Hatzfeld: *Le Seizième Siècle en France.* Paris 1878. *(Darmest.)*

13) Bartsch: *Chrestomathie de l'ancien Français.* Leipzig 1875.

14) Holland: *Li Romans dou Chevalier au Lyon.* Hannover 1880. *(Chev. au Lyon.)*

15) Tobler: *Bruchstück des Chevalier au Lyon* in: *Programm der Kantonsschule von Solothurn 1861/62.*

16) Tobler: *Mittheilungen aus Altfranzös. Handschriften.* Leipzig 1870.

17) Tobler: *Li Dis dou vray Aniel.* Leipzig 1871.

18) Gautier: *La Chanson de Roland.* Tours 1880.

19) Gessner: *Zur Lehre vom französischen Pronomen.* Teil I und II. In: *Programme du Collége Royal Français.* Berlin 1873 u. 1874.

20) Bischoff: *Der Konjunktiv bei Chrestien.* Halle.

21) Weber: *Über den Gebrauch von devoir, laissier, povir* etc. Berlin 1879.

22) Holfeld: *Über die Sprache des François de Malherbe.* Posen 1875.

23) Krollick: *Der Konjunktiv bei Villehardouin.* Greifswald 1877.

24) Haase: *Syntaktische Untersuchungen zu Villehardouin und Joinville.* Oppeln 1884. *(Villeh. u. Joinv.)*

25) Haase: *Zur Syntax Robert Garnier's.* Heilbronn 1885. *(Garn.)*

26) Gräfenberg: *Beiträge zur französischen Syntax des XVI. Jahrhunderts.* Erlangen 1885. *(Gräf.)*

27) Procop: *Syntaktische Studien zu Rob. Garnier.* Programm der kgl. Studienanstalt Eichstätt. Eichstätt 1886. *(Procop.)*

XI, 111. 216, 20 *Nou, ce n'est pas à moy qu'on fait croire des bayes.*

5) bien-disance zu *bien-disant* nach Analogie von *bien-faisance* zu *bien-faisant* gebildet. Zwei Beispiele zu diesem Worte liefert Malh. V, 68. 136, 18 *la grave bien-disance, La douce et franche humeur ... La valeur, la beauté ... m'ont pris à l'hameçon.*

6) ceps = Fesseln. Acad.: „*Il est vieux.*" Littré belegt es aus Froiss. — Schél. 55, 7 *que jamais les ceps ne me soient eslargis.*

7) chef = Kopf. Littré belegt diese Bedeutung noch bis auf Voltaire, heute nur noch von Reliquien gesagt z. B.: „*Le chef de saint Jean*" (Acad.) — 124, 11 *son chef derint tout rond.*

8) descocheur = Bogenschütz. Sonst findet sich nur das Verb *décocher* „abschiessen" belegt. 73, 30 *les descocheurs de traits Composaient l'avant-garde.*

9) devis = Gespräch. Acad. bezeichnet es in dieser Bedeutung als veraltet. 68, 2 *Mes devis à l'honneur ne sont jamais nuisans.*

10) diffame = Schande. Bartsch belegt es aus Ren. le Contrefaict, ebenso Moland aus Rabelais als Mascul., bei Littré und in Acad. fehlt es. 145, 2 *il voit du public son diffame connu.*

11) emperiere = Kaiserin. Diese nach Analogie von *jardinière* etc. gebildete Form finde ich nur bei Darmest. I, S. 185 belegt. 57, 29 *O femme du Tounant, emperiere des cieux.*

12) estour = Sturm. Nur bei Sachs finde ich *estor* = Verwirrung als veraltet belegt. 75, 7 *Bellonne ... Chassoit avec son fouet la rage et la tempeste Dans l'estour acharné.*

13) feintise = Heuchelei. Es wurde bis in die neuere Zeit synonym mit *feinte* gebraucht. Cf. Bartsch, Littré. f. 2. — 114, 20 *si la convoitise Ne me souilla jamais d'un acte de feintise.*

14) fiance = Vertrauen. Es ist neben *confiance* veraltet. (Darmest. S. 185. Littré.) 76, 15 *Je te diroy, Phulter, un secret en fiance.*

15) flocquet = Flocke. Moland belegt im Glossaire zu Rabelais pag. 696: „*floquet = porteur de floc, muguet;*" Littré führt nur *floc* und *floqueter* an. Sonst ist diese Form nicht angegeben. 123, 15 *Son poil estoit plus blanc que les flocquets de laine qui tombent en janvier des nuaux sur la plaine.*

16) fond und fonds sind in unseren Stücken gleichbedeutend gebraucht, und noch heute werden nach Littré beide Formen nicht von allen Schriftstellern streng gesondert. 40, 23 *au fonds de leur tannières.* 214, 16 *Au fond de sa chaloupe* und sonst.

17) galantise = *galanterie*. Diese Bildung ist eine An-
bildung an *franchise* = *liberté*, bei Malh. V. und Holfeld S. 26
belegt. Littré gibt zu *galantise* ein Beispiel aus dem 17. Jahrhundert unter *galanterie* Hist. — 90, 15 *pour la galantise et
les vertus communes.*
18) *garse* = Mädchen. Littré belegt es noch aus dem
18. Jahrhundert. 86, 20 *Un page qui s'habille en guise d'une
garse.*
19) heur = Glück. Es wird noch von Corneille und
Molière häufig, von Racine selten gebraucht, Voltaire beklagt es
als veraltet, heute existiert es nur noch in Sprüchwörtern. (Corn.
XI, 480, Mol. Lex. 203, Racine VIII, 254, Littré.) 177, 10
Comblant tous mes soins d'heur, mes combats de victoire.
20) huis = Thür. Es ist im 17. Jahrhundert schon selten,
heute begegnet es nur noch in der Gerichtssprache und in der
Redensart: *à huis clos.* Malh. V, 312; Littré belegt es aus Lafontaine, dagegen ist es von Corneille, Molière, Racine nicht
mehr beliebt. 179, 1 *sorte, car les huis sont ouverts.*
21) ire = Zorn. Es ist im 16. Jahrhundert gebräuchlich,
heute veraltet; Corneille verwendet es nur noch, vom göttlichen
Zorn sprechend. (Corn. XII, 29, Littré.) 57, 32 *que cela ne
provoque Votre ire contre moy.*
22) medaille = Abbild. Es findet sich bei Corneille in
einem Beispiel belegt und ist schon im 17. Jahrhundert veraltet.
(Corn. XII, 77; Littré; Sachs.) 146, 17 *Penses-tu, vieil bouquin,
medaille de Vulcain, que nous mettions pour toy nostre vie à
l'encan.*
23) nonchaloir = *nonchalance*. Littré gibt einen Beleg
aus Chaulieu, sonst ist dieser substantivisch gebrauchte Infinitiv
nicht neben dem eigentlichen Substantiv zur Geltung gekommen.
141, 30 *Mais las! mettray-je aussi Cassandre à nonchaloir?*
24) nourriture = Erziehung. Diese Verwendung von
nourriture in übertragenem Sinne ist im 16. und 17. Jahrhundert
gebräuchlich und findet sich auch noch bei Voltaire (Darmest. I, 187),
heute wird es noch in Sprüchwörtern gebraucht (Corn. XII, 115,
Littré). 78, 7 *Qu'il sied mal à vostre aage, à vostre nourriture,
De faire le stoïque.*
25) nuaux = *nuages*. Diese Bildung kann ich aus anderen
Schriftstellern nicht belegen. 123, 16 *les flocquets de laine qui
tombent en janvier des nuaux sur la plaine.*
26) ombre als Maskulinum. Es ist seiner Etymologie ge-
mäss im Afrz. Femininum (Tobler, Anm. zu Chev. au L. 1865),
im Mittelalter aber wird es auch als Maskulinum gebraucht
(Darmest. I, 250, Holfeld 26); bei Corneille ist es nur als Femi-

ninum vorhanden; Littré führt es nur als Femininum auf.
181, 25 *les pleurs* . . . *ne peuvent rachepter un ombre du rivage.*
189, 7 *Ceste roche en croissant par son ombre fourchue De
buissons de deux parts nous met hors de la reue.* Hier ist
ombre = ombrage gebraucht. Zu dem ersteren der beiden Beispiele stimmt Darmesteter's Regel nicht: „*Au sens figuré de fan-
tôme, spectre, il est toujours féminin au seizième siècle*"; freilich
steht unser Stück im Anfang des 17. Jahrhunderts.

27) ost = Heer. Es war im 17. Jahrhundert schon veraltet. Littré belegt es noch aus Lafontaine; Corneille und Molière
wenden es nicht an. 47, 14 *mon ost est tout plein de lions
deschaines.*

28) partement = Abreise. Es war im 17. Jahrhundert
schon veraltet und findet sich nur noch aus Malherbe belegt
(Littré, Holfeld 23): 186, 23 *Plus mon partement tarde, et tant
plus j'apperçoy De peine et de perils.*

29) pleige = Bürge. Es ist bis ins 18. Jahrhundert gebräuchlich (Corn. XII, 187; Littré; Holfeld 23). 37, 27 *Il sont
pleiges d'eux-seuls.*

30) recousse = Wiedererlangen. Es findet sich noch im
18. Jahrhundert (Littré); Corneille, Molière, Racine wenden es
aber nicht an. 112, 10 *La vie en un vieillard ne vaut pas la
recousse.*

31) recoy = Ruhe. Es ist im Afz. gebräuchlich (Bartsch,
Glossaire), später ist es nirgends aufgeführt. 168, 2 *tous mes
souhaits demeuroient à recoy Comme au dernier degré de la chose
esperée.*

32) ribleur = Nachtschwärmer. Es findet sich noch im
18. Jahrhundert (Littré). 106, 33 *Vous servirez d'exemple aux
ribleurs deshonnestes.*

33) risque als Femininum. Vom 17. bis ins 18. Jahrhundert war das Wort zweigeschlechtig, bis die Académie 1762
dasselbe als Maskulinum dekretierte, nur in der Redensart *à toute
risque* das weibliche Geschlecht bewahrend (Littré). 101, 3 *Le
gain remonte aux chefs, la risque estant finie.*

34) sagette = Pfeil. Es ist schon im 16. Jahrhundert
veraltet, ist aber noch aus Lafontaine belegt, (Littré). Nfz. hat
das Wort die Bedeutung „Pfeilkraut". 203, 21 *deux sagettes
dorées.*

35) soulas = soulagement. Es veraltet im 17. Jahrhundert,
und Corneille ersetzt 1660 *soulas* durch *soulagement.* (Littré,
Corn. XII, 346.) 129, 3 *Me refuserez-vous . . . De convier icy
le soulas de ma vie?*

36) vu = vue ist heute nur noch gebräuchlich in der Form

au ru et au su de tout le monde: 52, 14 *qui rompit nostre flotte au ru de nostre phare.*

Eine erwähnenswerte Erscheinung liegt in dem Gebrauche von Abstrakten, welche die Eigenschaft einer Person bezeichnen, statt des Personennamens z. B. *tyrannie* statt *tyran*, *royauté* statt *roi*, *désespoir* statt *désespéré*: 174, 19 *j'ay ... qu'il ne s'acquière point par une cruauté Le nom de tyrannie au lieu de royaute.* 190, 10 *Tombeau d'un desespoir et digne d'un Egée.*

Weniger auffallend ist der Gebrauch eines Konkretums statt der abstrakten Bezeichnung eines Vorganges, der sich durch jenes vollzieht: *nourriture = éducation* cf. oben No. 24; 175, 13 *Lirre-luy quand et quand zorote, ce vieux loup, Ce jaloux enragé. Sa croix j'ay différée Tant qu'il aura de luy la verité tirée.* Kreuz statt Kreuzestod.

II. Adjektiva,

welche veraltet sind, oder deren Gebrauch sich geändert hat.

1) **caut** = vorsichtig. Es ist im 16. Jahrhundert gebräuchlich, im 17. Jahrhundert bereits veraltet (Littré, Malh. V, 84; bei Corn. und Mol. ist es nicht mehr vorhanden): 87, 16 *Seule il me connaincroit negligente et peu caute.*

2) **charontide** = *charonien*, welches sich sonst allein belegt findet: 38, 18 *Paix qui... Rend herbeux et desert le charontide port.*

3) **désastré** Partizip von einem nirgends belegten Verb *désastrer*. *Désastre* und *désastreux* sind Neubildungen der Renaissance-Zeit und finden sich erst im 16. Jahrhundert belegt (Littré); von diesen Nominibus aus ist das Verb *désastrer* gebildet worden, welches keine Fortexistenz gefunden hat: 38, 12 *Combien ay-je tasché d'ombrager mes contrées Sous l'aisle de la paix si longtemps desastrées.*

4) **délivre** = *délivré*. *Délivre* ist eine Adjektivbildung auf dumpfes *e* neben dem Partizip der ersten Konjugation. Diese Erscheinung behandelt Diez II, 350 nur für das Provenzalische, sie ist aber auch dem Französischen nicht unbekannt; z. B. afz. *seivre* zu *sevrer* und nfz. noch *la mesure est comble, j'ai la main gonfle.* Zahlreiche Beispiele bietet das Italienische (Roman. VIII, 4, 41). Auszugehen ist für die Erklärung dieser Bildung von den lateinischen Adjektiven auf *us* neben den Partizipien der ersten Konjugation: *privus = privatus*, ital. *privo = privato.* (Tobler, Anmerkung zu *Cher. au L.*, Vers 830, 2031, 3164). Littré betrachtet *delivre* in der adverbialen Verbindung *à délivre*, die afz. und bis ins 16. Jahrhundert gebräuchlich ist, fälschlich

als Substantiv: 141, 8 *Laissez m'en le soucy, mettez-vous à delivre, Sur l'appuy de ma foy.*

5) gauche = *sinistre*, ist sonst nicht in dieser Bedeutung belegt. 39, 5 *Les cieux en ont horreur: ses feux pleins de rengeance Ne dardent plus sur nous qu'une gauche influence.*

6) impiteux = *impitoyable*, war bis ins 16. Jahrhundert gebräuchlich und wird dann durch *impitoyable* verdrängt, welches Corneille allein anwendet (Littré; Brachet S. 234). 37, 34 *Le sort impiteux.*

7) Macedon = *macédonien* schliesst sich näher an das Lateinische an als die nfz. Form. Dieselbe Form findet sich bei Malherbe (Holfeld 20) und ähnliche bei Rabelais (Moland Glossaire 713), welcher schreibt: *Macedones = Macédoniens, Macedonie = Macédoine, Macedonique = Macédonien*: 38, 9 *Depuis qu'un vieil amy du rainqueur Macedon Mit en mes simples mains le sceptre de Sidon.*

8) maupiteux = unbarmherzig, im 16. Jahrhundert gebräuchlich, ist veraltet, findet sich aber in der Bedeutung „elend" noch in der Redensart „*faire le maupiteux*" (Littré): 56, 12 *je prevoyoy bien ce maupiteux empire.*

9) mignard = lieblich, veraltet in dieser Bedeutung. (Littré, Corn. XII, 88): 71, 2 *la mignarde oraison.*

10) nompareil = unvergleichlich, veraltet im 17. Jahrhundert. Malherbe verwendet es ohne Beschränkung, ebenso findet es sich bei Molière und Lafontaine, aus Racine wird nur ein Beispiel belegt; Corneille ersetzt *nompareil* bei der Umarbeitung seiner Theaterstücke überall, ausser an einer Stelle, durch *sans pareil;* Boileau endlich spottet über dieses altertümliche Wort (Littré; Corn. XII, 114; Malh. V, 415; Rac. VIII; Mol. Lex. 258): 46, 32 *Tyr, cité nompareille en raretez diverses.*

11) premier adverbial gebraucht, veraltet im 17. Jahrhundert (Corn. XII, 214): 159, 19 *le bon medecin dès son abord n'essaye La scie et le rasoir sur la nouvelle playe, Mais applique premiers ses remèdes plus lents.*

12) saoul wird substantivisch nur noch mit dem Pronom. poss. gebraucht im Nfz.: 101, 14 *De fatigues sans fin nous portons le fardeau, A peine ayans le saoul de mauvais pain et d'eau.*

13) sanguinaire = blutsverwandt, existiert weder afz. noch nfz. in dieser Bedeutung: 49, 15 *surtout toy, mon Dieu sanguinaire, qui du cinquième rang de ce beau septenaire, ... Régis par tes aspects ...*

Die Stellung der attributiven Adjektiva ist im 16. Jahrhundert und Anfang des 17. Jahrhunderts noch nicht den heute geltenden Gesetzen unterworfen (Darmest. § 306—308); Vangelas und Garnier bezeichnen die Nachstellung des Adjektivs als das Gewöhnliche (Benoist. 12). 41, 2 *le temple où Minerve D'un tutelaire soin nos murailles preserve.* — 41, 25 *Outrecuidé jeune homme.* — 46, 30 *Tyr, propre mère à l'ingratte Sidon.* Sogar das Adjektiv, von einem Adverb begleitet, kann vor dem Substantiv stehen: 45, 5 *ô mal-timbré cerreau.* — 47, 7 *Craindroit-elle Sidon, bien moins puissante rille.*

III. Pronomina.

A. Personalia.

1. **Betonte.** Die alte Sprache unterschied wie die neue zwei Formen des Personalpronomens, die betonte und die unbetonte; doch galt diese Scheidung nur für die obliquen Kasus, die Nominative *je, tu* etc. vermochten den Ton zu tragen. Sie verlieren aber diese Kraft und werden, zuweilen schon im Afz. (Diez III, 51), in Fällen der Betonung durch die tontragenden Formen der obliquen Kasus *moi, toi* etc. ersetzt. Lange Zeit läuft der Gebrauch der Nominative und der betonten Formen der obliquen Kasus in nominativer Verwendung neben einander her, auch heute noch bewahrt *je* seine ursprüngliche Kraft in Wendungen wie *je soussigné* (Acad. *je*, Littré *je* Nr. 2°). Doch seit dem 15. Jahrhundert wird die Beschränkung der Nominative *je, tu* etc. auf ihre heutige Verwendung zur Regel. Palsgrave, Meigret, Estienne stellen dieselbe als Gesetz auf (Gessner I, 4, Benoist. S. 23). Betreffs der betonten Formen des Personalpronomens ist in unseren Stücken nichts vom nfz. Gebrauch Abweichendes zu notieren, nur *soi* gibt zu einigen Bemerkungen Veranlassung.

Der Gebrauch des Pronomens *soi* ist im Afz. noch keinen festen Regeln unterworfen. Es bezieht sich auf Sachen und unbestimmte Personen, abwechselnd mit *lui elle* etc.; es bezieht sich aber auch auf bestimmte Personen, ja es begegnet sogar ohne reflexive Bedeutung (Tobler, Syntax), eine Erscheinung, die sich heute noch mundartlich findet. (Diez III, 63 Anm.) Eine feste Regelung des Gebrauchs von *soi* tritt erst im 16. Jahrhundert ein, ohne jedoch in diesem oder dem folgenden Jahrhundert durchzudringen. (Darmest. § 117, Garn. 4, Procop 36, Gräf. 36, Corn. XII, 336).

Noch im 17. Jahrhundert wird *soi* auf Personen bezogen, ebenso in unseren Stücken: a) maskulin. 49, 26 *Luy qui le monde entier assujectit à soy.* 39, 22; 111, 11 b) feminin. 80, 11 *Celle qui sent pour soy la desbauche estre bonne.* 84, 15.

2. Die unbetonten Formen. a) Das im Lateinischen nur bei starker Betonung zum Verb tretende Subjektspronomen konnte auch afz. und bis ins 16. Jahrhundert entbehrt werden. Zwar wird dieser Gebrauch von den Grammatikern des 16. Jahrhunderts wie J. Garnier, H. Estienne gegen Vaugelas' spätere Meinung angefochten (Benoist 26 und 121), welche immer ein ausgedrücktes Subjekt fordern, eine Regel, der auch Malherbe bis auf das neutrale *il* nur mit wenig Ausnahmen folgt (Holfeld 36, Malherbe V, XXVI), doch ist er noch im 17. Jahrhundert nicht ganz geschwunden und erhält sich in einer Reihe unpersönlicher Redensarten bis heute. (Gessner I, 13, Garn. 6, Procop 30, Lücking § 273 Anm. 2.)

In unseren Stücken ist das Setzen des Subjektspronomens das Gewöhnliche, es fehlt aber, wie auch noch später, noch in vielen Fällen z. B.: 89, 1 *il s'y brusle ainsi qu'un papillon, Et croy dont bien m'en prend, que son rang* ... 40, 21; 86, 24; 87, 5; 116, 6.

Das unpersönliche *il* kann im Nfz. noch in Formeln wie *qu'importe, soit* etc. entbehrt werden, viel häufiger noch im 17. Jahrhundert: 71, 1 *Que t'en semble, Phulter?* 89, 11 *Et n'estoit qu'* ... *Il a confirmé la paix.*

Als grammatisches Subjekt mit folgendem logischen Subjekt ist *il* nfz. noch entbehrlich in Ausdrücken wie *reste encore une partie, vient ensuite les titres* etc. (Tobler, Syntax), viel allgemeiner noch im 17. Jahrhundert: 77, 2 *Enfin je suis navré jusqu'au profond de l'âme Et faut Gaigner ce beau tendron.* 93, 30; 139, 25.

b) Das betonte Personalpronomen, als Subjekt gebraucht, muss im Nfz. in der 1. und 2. Person vor dem Verb durch die unbetonte Form wiederholt werden, in der älteren Sprache ist, wie aus dem Vorhergehenden folgt, diese Wiederholung entbehrlich, obwohl sie vorkommt: 50, 7 *Moy qui suis vigoureux, j'ay des Ajax encor* ... *luy n'aroit qu'un Hector.* 69, 29 *Et moy* ... *des pareilles à moy n'ay point le cœur rari.* 128, 9; 175, 22; 111, 4 *Toy-mesme eusses fui.*

c) Die unbetonten Objektskasus der persönlichen Fürwörter dürfen im Afz. nicht bei dem Infinitiv stehen, welcher nur betonte Formen duldet; die unbetonten Formen gehören afz. immer zu dem Hilfsverb, mögen sie vor oder hinter demselben stehen. Der heute geltende Gebrauch, die Objektspronomina vor den Infinitiv zu setzen, wird erst im 17. Jahrhundert allgemein, noch im 16. Jahrhundert stellt H. Estienne „*Nous pensions nous sauver*"

und „*Nous nous pensions saurer*" als gleich gut hin (Benoist 25,
Gräf. 34, Procop 158). In unseren Stücken sind beide Arten der
Stellungen unterschiedslos gebraucht. Eine vom heutigen Gebrauch abweichende Anordnung der Objektspronomina unter
einander ist in unseren Schriftstücken nicht beobachtet worden,
während bei Malherbe noch die Akkusative der 3. Person vor
den Dativen *nous, vous* stehen (Holfeld 38). Vor dem Infinitiv:
60, 18 *Voulez-vous pas m'oster?* 83, 14; vor dem Hilfsverb:
27, 11 *qui le fut renu visiter.* 33, 12; 42, 4. Die Stellung
der Pronomina beim Imperativ bietet keine Abweichung: 42, 17
Rends-toy, quitte le fer. 111, 8 *Allez et le royez.*

d) Abweichend vom jetzigen Sprachgebrauch nimmt das
Pronomen der 3. Person im 16. und 17. Jahrhundert ein bereits
genanntes Subjekt wieder auf (Benoist 149, Garn. 7). 121, 31
*Qui reut bastir au seur, il ne faut pas qu'il ente le nouveau
sur le vieux.* 214, 5 *Mais bien plus que jamais tous deux ils
s'entredoirent.* 143, 17.

e) Das pronominale Adverb *en* hat seine etymologische
lokale Bedeutung in einer Anzahl Verbindungen mit Verben der
Bewegung wie *s'en aller, s'enfuir* noch heute bewahrt. Im 16.
und 17. Jahrhundert lässt sich die lokale Bedeutung noch in
ausgedehnterem Masse finden (Villeh. u. Joinv. 28, Garn. 8, Mol.
Lex. 148). — In unseren Stücken findet sich nur eine Stelle mit
ausgesprochener lokaler Bedeutung: 89, 25 *La voici qu'elle en
vient* (aus dem Krankenzimmer). — Mehr verblasst ist die lokale
Bedeutung von *en,* wenn es ferner „ohne Beziehung auf ein vorher-
gehendes Wort oder einen Satz nur im allgemeinen die Sphäre
der berichteten oder auch gedachten Verhältnisse oder Handlungen"
bezeichnet (Garn. 8). Diese afz. sehr häufige Erscheinung begegnet auch noch im 17. Jahrhundert, wie Corn. XI, 358 und
Mol. Lex. 147 beweisen, nebst Beispielen aus unserem Schriftstück (cf. Garn. 8): 52, 21 *quand mon esprit renouvelle à mes
sens Tant de nos grands guerriers par sa main perissants, Il
n'en faut pas mentir, sa valeur ne m'empesche D'estimer . . .* 49, 7.
Dieser Verwendung von *en* steht ganz nahe: α) die Beziehung
desselben auf einen vorhergehenden Satz: 101, 1 *Si nous sommes
vainqueurs, l'honneur en est à tous.* β) der pleonastische, heute
nicht mehr gestattete, aber bis in's 17. Jahrhundert reichende
Gebrauch von *en* zur Hinweisung auf einen folgenden Begriff:
216, 22 *Il ne s'en peut purger . . . Qu'il ne soit comme autheur
de cest assassinat.* 57, 7; 127, 4; 196, 17. Die Beziehung von
en auf Personen ist im 17. Jahrhundert noch unbeschränkt
(Gessn. I, 15; Gräf. 37; Garn. 8; Corn. XI, 357; Mol. Lex. 149):
43, 9 *Il tombe, soutenez-le, et prenez-en bon soin.* 27, 17; 50, 21.

In mehr als einer Beziehung ist *en* merkwürdig in: 196, 14 *Ah!* *saurage raison dont ce tigre me paye, Puisqu'il n'a plus de fils* (keinen So h n mehr), *qu'il ne reut que j'en aye!* Afz. steht ein auf ein „bestimmtes Einzelwesen" bezügliches partitives *en* abhängig von dem Füllwort der Negation; in unserem Beispiel hat *en* diese Grenze überschritten wie nfz. noch bei *rouloir* (cf. Tobler, Zschr. f. r. Phil. II, 389 f., Nr. 8).

f) Gleich *en* wird *y*, welches heute nur noch bei Verben der Wahrnehmung auf Personen bezogen wird (Lücking, § 215 Anm.) in älterer Zeit und auch noch im 17. Jahrhundert freier verwendet als heute (Gessn. I, 15: Garn. 9; Corn. XII, 437: Mol. Lex. 420): 183, 16 *Adieu, reillez-y* (Cassandre) *donc.* 76, 20; 88, 19; 91, 26.

B. Possessiva.

1) **Betonte.** a) Die betonten Formen der Possessiv-Pronomina wurden in der älteren Sprachperiode wie die unbetonten Formen adjektivisch verwendet. Bis ins 16. Jahrhundert reicht der Gebrauch der betonten Possessivformen nach bestimmtem Artikel. Hierzu bietet unser Schriftstück kein Beispiel mehr, wohl aber zu der Verbindung der betonten Possessivformen mit dem Demonstrativum, die sich auch noch später im 17. Jahrhundert findet (Diez III, 69; Darmest. § 190; Gessn. I, 21; Godefroy II, 46): 46, 24 *ce mien ayeul.* 106, 28; 194, 14. Nach Indefiniten reicht der Gebrauch von *mien* etc. in adjektivischer Verwendung noch weiter, nach dem unbestimmten Artikel hat er sich in der Poesie und der familiären Rede bis heute erhalten. (Darmest. § 190, Mätzner, Gramm. S. 470, Lücking § 224.) 134, 3 *Que si jamais rous pleust quelque mien sacrifice.* 104, 8 *la lettrre... qu'un sien page gaillard luy renoit de bailler.*

b) Als Prädikatsbestimmung zu *être* und anderen kopulativen und faktitiven Verben wurden die betonten Possessivformen in der älteren Periode der Sprache ohne Artikel gesetzt. Bei Malherbe noch steht das prädikative Possessiv stets ohne Artikel, ebenso in unseren Stücken. Schwankend erhält sich dieser Gebrauch bis ins 18. Jahrhundert, in familiärer Rede begegnet er noch heute. (Garn. 10, Holfeld 39, Lücking § 224, A. 1.) 81, 9 *Quant à moy, je suis rostre.* 48, 10 *ils se rendoient tous rostres.* 209, 18 *qui rous fait condescendre D'aroner comme rostre un crime de Cassandre?* 220, 25 *Aucune qualité je ne repute mienne.*

c) Bemerkenswert ist der Gebrauch des neutralen Substantivs als possessiver Genitiv statt der zu erwartenden adjektivischen Form: 174, 3 *Influe en mon langage, ô beau Cyllenien!*

Et le doux artifice et la force du tien. Ähnlich: 40, 26 *ces
estendars semblables en couleurs A ceux que de long-temps nous
possedons des leurs.*

2) Unbetonte. Im Gebrauch des unbetonten Possessiv-
pronomens zeigt sich im 16. und 17. Jahrhundert noch grössere
Freiheit, als die Grammatik heute gestattet.

a) Es vertritt einen objektiven Genitiv (Gräf. 39): 165, 26
*tu mis en oubly ... Et nostre souvenir et le soin de toy-mesme
(= de nous).* 48, 18; 50, 3; 83, 11.

b) Es vertritt einen possessiven Genitiv: 32, 3 *O Mars,
père d'honneur ..., Et toy, puissant Hercul' ... (je) promets à
ce coup, si l'ennemi succombe, A tous ros deux autels une entière
hecatombe (= à tous les autels de rous deux).* Ähnlich: 223, 1
*Si, pour le moins, rostre fille restée Vive par son moyen, soit de
rous escoutée (=* vermittelst seiner).

c) Das *lor* der alten Sprache nahm seiner etymologischen
Bedeutung nach regelmässig kein *s* an; im 14. Jahrhundert aber
ist das *s* im Plural schon allgemein geworden, obgleich „sich hin
und wieder plurales *leur* noch im 17. Jahrhundert nachweisen
lässt." (Gessn. I, 20.) In unseren Stücken begegnet neben
leurs einmal *leur* ohne *s* im Plural: 74, 10 *Ses plus gros ba-
taillons, d'un et d'autre coste, Aroient leur alliez de la Triple-cité.*

d) Als Ersatz für das attributive Possessiv tritt noch im
16. Jahrhundert das Personal mit *de* ein. (Diez. III, 70, Villeh.
und Joinv. 28, Gräf. 38, Garn. 10.) Eine ähnliche Freiheit liegt
in dem folgenden Beispiel, welches statt des possessiven Genitivs den possessiven Dativ aufweist. (Procop 37.) 69, 29 *des
pareilles à moy n'ay point le cœur ravi (= de mes pareilles).*

C. Demonstrativa.

Ausser dem neutralen *ço, ce* besitzt die alte Sprache zwei
Formen für das Demonstrativum: *cist* und *cil*, Akk. *cest* und *cel*,
die in dem obliquen Kasus eine Erweiterung auf *ui* für das
Maskulinum, auf *ei* für das Femininum annehmen konnten. Beide
Formen hatten ursprünglich sowohl substantivische wie adjek-
tivische Geltung. Dieser Reichtum an demonstrativen Formen
wird bald reduziert, teils treten die Akkusativformen auf *ui* auch
als Nominative auf, was vereinzelt schon afz. der Fall war, teils
schwinden einzelne Formen. Die von *ille* stammenden Formen
sind schon im 15. und 16. Jahrhundert wie heute *celui, ceux,
celle, celles;* die von *iste* stammenden schmelzen noch früher zu-
sammen; im 15. Jahrhundert lauten sie für das Maskulinum:
ce, cest, cestuy, cez; für das Femininum: *cestes, ces (cestes).* (Gessn.
I, 24 ff.)

1) *cetuy* erhält sich in substantivischer Verwendung im ganzen 17. Jahrhundert. (Gessn. I, 27, Corn. XI, 163.) 51, 16 *Leonte, nostre frère. Ah, combien j'apprehende, Mort ou rif cetuy-ey, que tel on nous le rende.* (Über das auch sonst in unseren Schriftstücken begegnende Zeugma vgl. Krollick). 165, 5.

2) Die Verstärkung der Demonstrativa durch die Adverbien der Ortes *ci* und *là* kennt zwar die alte Sprache schon, doch sind die heute geltenden Gesetze über die Zufügung des *ci* und *là* bis ins 17. Jahrhundert unbekannt. (Gessner I, 32, Garn. 13.) 179, 13 *Que maudit soit le jour qui me fut le premier, Et maudit celuy-cy, qui sera mon dernier.*

3) Bis ins 17. Jahrhundert erhält sich *ceux* mit folgendem Genitiv in der Bedeutung „die Leute". (Gessn. I, 33, Garn. 14): 32, 13 *Tant de ces roytelets... Viennent ceux de Sidon tous en ligne assister.* 199, 5.

4) Neben dem im Afz. allein gebräuchlichen Neutrum *ce* wird *cela* vom 16. Jahrhundert an häufig, doch behauptet *ce* noch lange ein ausgedehnteres Gebiet als heute, trotz Vaugelas, welcher es hinter Präpositionen und vor dem Infinitiv verbannt, und wird familiär noch heute in Fällen gebraucht, welche die Grammatik verbietet. (Gessn. I, 31, Darmest. § 157, Villeh. und Joinv. 29.)

a) Als Subjekt im eingeschobenen Satz: 66, 15 *qui... de nous, ce me semble, à vos voisins s'enquestent.* 131, 28.

Diese Wendung wird auch noch von der Académie als familiär und mit der Bemerkung „*les locutions vieillissent*" aufgeführt.

b) Als Objekt. Corn. XI, 157 schreibt noch an drei Stellen *ce* als Objekt in *ce dis-tu* etc., beseitigt es aber in der Ausgabe von 1660: 83, 15 *Je deriendray, ce croy-je, aussi fou qu'elle est sotte.* 106, 27.

c) nach Präpositionen: 128, 20 *J'ay receus et cachez vos secrets en fiance, Esperant roir la paix naistre en nostre alliance. Pour ce vous ay-je aydez.*

5) Statt nfz. *il* wird afz. und noch im 17. Jahrhundert *ce* gebraucht zur Hinweisung auf einen folgenden Infinitiv oder Satz (Darmest. § 158, Gessner I, 37) 218, 15 *Tant bien disant soit-il, c'est une folle attente, Dans le deuil où je suis, d'esperer qu'il me tente.*

Ebenso ist *cela* verwendet: 63, 21 *si cela vous plaist, souvent je viendray voir Si mon conseil aura sur vous quelque pouvoir.* 223, 14.

D. Bestimmter Artikel.

Der Gebrauch des Artikels kommt im 16. Jahrhundert noch zu keiner klaren Regelung, obgleich die Grammatiker dieser Zeit

sich mit dieser schwierigen Frage beschäftigt haben. (Benoist
16 ff. und 71, 89.)

1) Die im Englischen zum Gesetz gewordene, im Deutschen
sehr häufige Unterdrückung des bestimmten Artikels vor Abstrakten findet sich im Afz. und besteht bis zum 17. Jahrhundert
neben der modernen Setzung des Artikels fort. (Benoist 75,
Villeh. und Joinv. 38, Gräf. 4, Garn. 15, Procop 5 f., Pascal 5.)
Besonders bemerkenswert sind *amour, fortune, nature* (Diez III,
26, 30). 36, 28 *grand maistre qui tient l'empire de nature.*
92, 20; 147, 15. 132, 11 *Où des forçats d'amour les eternels
regrets Ramentoirent les coups de fortune ennemie.* 133, 7.
Daneben auch mit dem Artikel: 148, 22 *L'honneur que
la Fortune a bien osé deffendre.* 165, 6 *La nature et l'honneur
d'un remords me tourmentent.*

Es folgen einige von den vielen Beispielen für die Unterdrückung des Artikels bei Abstrakten: 52, 6 *ces graves discours
ne temoignent en somme Que douceur, que vertu, qu'humeur de
galand homme.* 131, 14 *si le vice mesme avoit forme de chair ...*
91, 13; 114, 16; 146, 16.

2) Dieselbe Freiheit besteht im 16. Jahrhundert in beschränkterem Masse auch für den Gebrauch des bestimmten
Artikels vor Gattungsnamen und vereinzelt für den Gebrauch
des bestimmten Artikels vor Stoffnamen. Im 17. Jahrhundert
wird vor diesen Wortklassen die Setzung des Artikels zur Regel
(Villeh. und Joinv. 36, Gräf. 5, Garn. 15): 222, 2 *En affligeant
mon père et le privant de fils.* 172, 14 *du chaos je reverray
la guerre, Le feu confus en l'eau, l'air opprimé de terre.*
128, 15 *plustost se darde le tonnerre Sur mes cheveux grisons,
et m'engouffre sous terre.* 131, 14 *si le rice mesme avoit forme
de chair.* 152, 8 *l'orrage gresleux vient renverser à terre
L'esperance d'un peuple aussi fresle que verre.*

3) Sehr beliebt war in der älteren Sprache und noch in
der ersten Hälfte des 16. Jahrhunderts die Unterdrückung des
Artikels vor geographischen Namen — abgesehen von Städtenamen, welche als wirkliche Eigennamen betrachtet werden und
darum des Artikels entbehren — doch kommen schon im 16. Jahrhundert die heute üblichen Regeln zur Geltung und werden in
der Folgezeit nur selten durchbrochen. (Darmest. § 142, Villeh.
und Joinv. 42—44, Gräf. 6, Garn. 18—20, Procop 1.)
Eine Abweichung zeigen unsere Schriftstücke nur inbezug
auf den Städtenamen *Tyr*, welcher teils mit, teils ohne Artikel
steht: 46, 25 *j'ay fait en cinq lustres Les mazures du Tyr non
guère moins illustres.* 46, 30 *Enfin Tyr, propre mère à l'ingratte
Sidon ... Tyr, cité nompareille ... Tyr, qui seule arresta la*

conqueste des Perses, Tyr, que l'empereur grec ... Bref Tyr, la riche Tyr.

Eine merkwürdige Kürze findet sich in dem Personenverzeichnis des zweiten Stückes: *Timadon, escuyer de deffunct Leonte*, dieser Gebrauch, den durch attributes Adjektiv bestimmten Eigennamen ohne Artikel zu setzen, kommt in der afz. Poesie vor und ist noch bei Garnier durch ein Beispiel belegt. Vgl. englisch *poor Tom.* (Garn. 19.)

4) Die Apposition zum Eigennamen führt im Afz. der Regel nach den Artikel bei sich, auch ohne ein unterscheidendes Merkmal auszudrücken. Schwankungen im Gebrauche des Artikels bei der Apposition finden sich bis zum 17. Jahrhundert (Villeh. und Joinv. 42), so auch ohne ersichtlichen Grund in folgenden Fällen: 38, 13 *Paix, la fille du ciel, la mère des vertus, Le juste cavesson des mutins abattus, Nourrice des bons arts, sainct noeud de concordance, Thresor de tout bonheur et corne d'abondance.*

5) Der bei Diez III, 23 besprochene Gebrauch des Artikels in der Anrede ist im 16. Jahrhundert noch ganz gebräuchlich und hat sich familiär bis heute erhalten. (Benoist 17, Procop 7, Lücking § 186 Anm. 2): 96, 21 *Bon, bon! Sur ce ton là, la petite friande!*

6) Tous, toutes, noch heute in einigen Wendungen archaisch ohne Artikel gebraucht (Lücking § 264 Anm.), verlangt im 16. und 17. Jahrhundert noch nicht den Artikel vor folgendem Substantiv. Beispiele sind in unseren Stücken häufig, dagegen bieten dieselben keinen sicheren Beleg für die in älterer Sprachperiode beliebten Wendungen mit *tout, toute* ohne Artikel (Benoist. 74, Darmest. § 148, Villeh. und Joinv. 38 f., Gräf. 7, Procop 10, Garn. 16). 78, 20 *Un desespoir d'amour de tous maux est le pire.* 105, 16; 115, 26; 182, 3.

7) Vor attributivem *même* fehlt auch heute noch in einigen Wendungen der bestimmte Artikel (Lücking § 270 Anm.), viel häufiger im 17. Jahrhundert (Darmest. § 148, Gräf. 7, Procop 9, Garn. 16). 179, 5 *Meliane et rous ... Irez en mesme lieu mesme risque suivant* 80, 13; 175, 22; 196, 15; 201, 24.

8) Der bestimmte Artikel findet sich bei der Kardinalzahl, um Brüche auszudrücken, deren Zähler um eins kleiner ist als der Nenner (Tobler, Syntax): 122, 27 *les roussins noirs qui trainent la charrette De l'ennuyeuse nuit ... sentant de leur train les trois quarts mesurez ...*

9) Bei Ordinalzahlen fehlt bis ins 17. Jahrhundert der Artikel in den dem lateinischen Ablativus absolutus nachgebildeten Wendungen: *moi septième* etc. und bei prädikativem *premier,*

seul, dernier. (Gessner I, 4; Villeh. und Joinv. 36; Garn. 18; Procop 8.) 216, 15 *Il s'est faict amener, luy-quatriesme à bord.* 89, 10 *Le roy ... a conclu ... De la renger première au joug de l'hymenée.* 159, 19.

10) Der Komparativ, welcher eine Eigenschaft ausdrückt, die ein Substantiv in höherem Masse besitzt als die anderen der Gattung, den man den Superlativ nennt, ist dem Afz. ohne Artikel gewöhnlich und findet sich so noch uneingeschränkt im 16. und zum Teil im 17. Jahrhundert (Benoist 68 ff., Darmst. § 154, Garn. 18, Corn. XII, 189).

a) Einem vom Artikel oder attributiven Pronomen begleiteten Substantiv nachgestellt: 119, 9 *Pourquoy repousses-tu mes prières plus sainctes?* 86, 2; 173, 15. Daneben findet sich auch der Artikel: 173, 18 *L'homme le plus farouche est conduit par l'oreille.*

b) Einem artikellosen Substantiv nachgestellt: 37, 17 *Si pour mets plus exquis ils ont leur pannetière.*

c) Einem vom unbestimmten Artikel begleiteten Substantiv folgend, in absolutem Sinne mit der Bedeutung sehr, höchst: 75, 33 *La palme estoit à nous, quand d'un rallon plus proche, Une embusche puissante à travers se decoche.*

d) Vor dem Substantiv nur in einem Falle: 42, 16 *Il ne tient pas à moy, je vous deffends tousjours; Mais par plus grand effort la force m'est rarie* (durch die grösste, sehr grosse Austrengung).

e) In adverbialem Sinne: 37, 8 *Vous prisez tousjours plus ce que vous n'avez point.* 149, 6; 164, 11.

E. Relativa.

Das Relativpronomen hat seine Formen unverändert bewahrt, nur dass die neuere Zeit den Gebrauch des obliquen Kasus *cui* auf die Abhängigkeit von Präpositionen und die Beziehung auf Personen beschränkt hat (Gessner II, 1).

1) *Qui* von Präpositionen abhängig wird bis ins 17. Jahrhundert auch auf Sachen bezogen, und Vaugelas' Regel, welche die heutige Beschränkung fordert, findet bei den Schriftstellern seines Jahrhunderts noch wenig Anerkennung. (Gessner II, 2, Garn. 21, Procop 44, Corn. XII, 254): 123, 14 *Son front large et longuet, Sur qui deux yeux hagards sembloient faire le guet.* 39, 20; 88, 7; 131, 4.

2) Neutrales *qui, que* auf Vorstellungskomplexe bezogen, wie es afrz. gewöhnlich war und im 17. Jahrhundert noch begegnet, findet sich in unserem Stück nicht; es ist ihm stets das determinative *ce* beigefügt. *Quoi* fügt sich ebenfalls schon voll-

ständig den heutigen Regeln, niemals findet es sich auf Personen oder Sachen bezogen, wie es bis ins 17. Jahrhundert geschah und noch von Vaugelas gebilligt wurde. (Benoist 216, Garn. 21.) 3) Lequel, welches erst mit dem 13. Jahrhundert in der Sprache üblich wurde, gewann bald an Ausdehnung und wird im 15. und 16. Jahrhundert auf Kosten der übrigen Relativa sehr beliebt, wird aber im 17. Jahrhundert wieder beschränkt, Génin z. B. zählt bei Molière nur acht Beispiele seiner Verwendung. (Gessner II, 5 ff., Villeh. und Joinv. 49, Gräf. 47, Garn. 21 f., Procop 44, Mol. Lex. 227 *lequel*.)

Appositives *lequel*, wie es in der mittleren Sprachperiode häufig ist, scheint nach dem 16. Jahrhundert nicht mehr zu begegnen (Garn. 22) und findet sich auch in unseren Stücken nicht vertreten. Das substantivische *lequel* bleibt im 17. Jahrhundert noch unbestimmt abgegrenzt gegen die anderen Relativformen. (Darmest. § 161, Corn. XI, XLIX): 28, 36 *Zorote seul en est coupable, lequel on luy presente pieds et poings liés.* 37, 1 *ceux d'entre vous ausquels semblent mieux rire Les plus aspres desseins.* 66, 16 *C'est le prince de Tyr, pour lequel honorer On fait tout ce jeu preparer.*

4) Die relativen Adverbia. a) *que:* über die Vertretung des Relativums durch die Konjunktion *que*, welche noch heute in bestimmten Fällen üblich ist, handelt Diez III, 378 ff. In unbeschränktem Masse verwendet die ältere Sprache diese Ausdrucksweise (Villeh. und Joinv. 51 f.), welche sich im 16. Jahrhundert besonders noch so findet, dass ein dem *que* beigefügtes Personalpronomen den Kasus des vertretenen Relativs ausdrückt. (Darmest. § 103, 162; Garn. 22.) In unseren Stücken nur nach *voilà:* 89, 25 *La voicy qu'elle en vient.* Diese Konstruktion liegt auch vor in: 48, 21 *Voilà qu'un escadron contre luy se rallie.*

Zur Hervorhebung eines präpositionalen Ausdruckes dient afz. und noch im 17. Jahrhundert statt des auf *c'est* . . . folgenden Konjunktionalsatzes mit *que* ein präpositionaler Relativsatz. In unseren Stücken ist *que* überall durchgedrungen, nur *dont* und *où* sind noch erhalten (Darmest. § 166, Garn. 22, Corn. XII, 257, Mol. Lex. 3): 54, 8 *C'est de ces femmes-là dont le monde fait cas, Non des legers esprits.* 77, 8 *C'est chez vos ennemis, où vous estes en serre.* Dasselbe Verfahren bei der alten Ausdrucksweise liegt vor in folgenden Fällen, wo ein Relativsatz statt eines jetzt zu setzenden Konjunktionalsatzes steht: 218, 11 *Sire. qui vous plaist-il qui cest octroy luy porte?* 77, 12 *Il ne faut que la paix où Cupidon domine (= Il ne faut qu'à la paix que Cupidon domine).* 127, 26 *C'est où je vous attends (= c'est là que je . . .).*

b) dont. α) *dont* behält bis ins 17. Jahrhundert seine ursprüngliche Kraft, als lokales Adverbium zu fungieren. (Darmest. § 162, Villeh. und Joinv. 52, Gräf. 49, Garn. 22, Corn. XI, 321.) 37, 20 *un chetif hameau dont leur tige est renu.* 48, 22. — β) Als Relativpronomen wird *dont* selten noch im 17. Jahrhundert durch *duquel* beeinträchtigt, häufiger geschieht das Umgekehrte. (Garn. 22, Procop 45): 27, 4 *Il se proposait donc . . . d'attaquer Abdolomin, duquel il esperoit venir à bout facilement (= dont).* 87, 13 *J'ay des filles du roy la dangereuse garde, Dont . . . Le père a . . . tant de severité (= desquelles).* 104, 10. Häufig aber steht noch im 17. Jahrhundert *de qui* statt *dont* (Corn. XII, 253): 120, 13 *Moy de qui les beaux yeux echauffoient . . . Les lieux les plus esloignez.* 134, 11; 148, 11; 166, 23. — γ) *dont* ersetzt im 17. Jahrhundert noch in freier Weise präpositionale Relativausdrücke (Corn. XI, 321), eine Erscheinung, die sich aus dem in der älteren Sprache viel umfassenderen Gebrauch der Präposition *de* erklärt (cf. *de* u. S. 44 f.): 105, 3 *Une dragme d'argent nous en a fait raison, Dont en un cabaret . . . Il s'en est allé prendre un lavement de pance (= pour + Relat.).* 61, 6. — δ) Zur Beziehung auf einen Vorstellungskomplex bedarf *dont* im 16. und 17. Jahrhundert noch nicht des determinativen *ce* (Garn. 21, Corn. XI, 320). 45, 1 *O dieux! c'est dont j'enrage!* 28, 14; 89, 1. Daneben auch schon *ce dont*: 165, 16 *il faut . . . Monstrer en mon desir ce dont j'ay plus de peur.*

c) où. Das bequeme lokale *où* ersetzte früher und noch im 17. Jahrhundert viel häufiger das Relativum als heute (Gessn. II, 10, Gräf. 48, Garn. 23, Corn. XII, 135). α) auf Personen bezüglich: 195, 10 *Toy . . . O maistresse Medée où toute horreur reside!* — β) sehr häufig auf Sachnamen bezüglich, auch in reiner Dativbedeutung: 56, 7 *un bal . . . où je suis tant priée.* — γ) auf einen Vorstellungskomplex bezogen: 133, 6 *Je sauterois d'un roc . . . Plustost que de tramer . . . Ce lays où le despit contre toy me convie.*

5) Relative Anknüpfung. Infolge des lateinischen Einflusses in der Renaissanceperiode ist die relative Anknüpfung von Sätzen im 15. und 16. Jahrhundert sehr beliebt und dauert bis ins 17. Jahrhundert (Gessner II, 9; Benoist 188; Gräf. 51; Garn. 23; Procop 45). Der lateinischen Gerundivkonstruktion nachgebildet findet sich das Relativ abhängig von einem präpositionalen Infinitiv. 66, 16 *C'est le prince de Tyr, pour lequel honorer On fait à frais publics tout ce jeu preparer.*

Anm.: In gleicher Weise tritt auch ein Substantivobjekt zwischen den Infinitiv und seine Präposition: 38, 20 *Qu'ay-je fait pour l'atteindre et pour ce grand brasier dans mon terroir*

esteindre? Bei der relativen Anknüpfung eines konjunktionalen
Nebensatzes tritt das Relativum vor die Konjunktion: 89, 21
*Quelque feu Duquel lorsqu'ou roudra rendre la braise esteinte,
Il faudra le nourrir par contrainte.* 65, 9. Satzverknüpfung
durch *où:* 78, 12 *Cerchons l'invention la plus prompte et plus
seure D'avoir la guarison d'où me vient la blesseure (= de là
d'où).* 34, 8; 78, 19.

F. Interrogativa.

1) Zur Einleitung der indirekten Frage wird wie afz.
noch bis ins 17. Jahrhundert *qui, que* verwendet. Seither ist
ce qui, ce que erforderlich, doch hat sich der alte Gebrauch noch
nach *voilà* und vor folgendem Infinitivsatz erhalten. (Benoist 108;
Gessner II, 19; Garn. 24; Corn. XII, 239). Ausser den noch
heute giltigen Fällen sind Beispiele in unserem Stück nur vereinzelt zu finden: 127, 3 *Je sçay que c'est de nous et sçay que
c'est des hommes;* ja es begegnet sogar: 32, 27 *voilà ce que j'ayme.*

2) Der neutrale Nominativ *qui* statt *que* war dem Afz. und
auch noch Villehardouin und Joinville unbekannt; neutrales *qui*
wird erst vom 13. Jahrhundert an üblich und besteht bis ins
17. Jahrhundert (Gessner II, 17; Villeh. und Joinv. 54, Darmest.
§ 167; Garn. 25; Corn. XII, 358). 214, 12 *(A) Mais qui
mouroit ce prince au retour hazardeux? — (B) Un violent amour*
206, 1; 209, 17.

3) Nur noch vereinzelt ist im 17. Jahrhundert der Gebrauch
der älteren Sprache von *quel* statt *lequel* anzutreffen (Tobler,
Syntax, Gessner II, 20); Garnier liefert nur ein Beispiel für dieses
quel (Garn. 25), ebenso schreibt es Corneille nur einmal in *Le
Menteur* (Corn. XII, 250).

An zweiter Stelle steht im folgenden Beispiel aus unserem
Schriftsteller *qui* statt *lequel,* wie es auch Gräf. 54 einmal aus
Marot belegt. 26, 4 *Pharnabaze, roy de Tyr, et Abdolomin, roy
de Sydon, après s'être fait la guerre l'un à l'autre par l'espace
de dix ans avec des evenements si variables qu'on ne pourroit
dire quel estoit le victorieux ou le vaincu, se resolurent d'en venir
à un combat general ... pour voir enfin qui demeureroit le
maistre.*

4) Prädikativ steht *quel* noch im 17. Jahrhundert statt des
neutralen *que* (Garn. 25, Corn. XII, 250). 41, 3 *Quel est tout
leur amas? C'est le reste de ceux Qui ... ont engraissé la terre.*

G. Indefinita.

1) *Aucun* war seiner Etymologie nach ursprünglich rein
positiv und vertrat das als Indefinitum früher ungebräuchliche,

nur verallgemeinernde *quelque*. Seit dem 15. Jahrhundert etwa hat *aucun* angefangen, das negative *nul* aus seiner Stelle zu verdrängen, während *quelque* an die Stelle des früher positiven *aucun* trat. (Gessner II, 24 f.)

Aucun bewahrt seine positive Bedeutung noch während des 16. Jahrhunderts und ist in beschränkterem Masse auch noch im 17. Jahrhundert so anzutreffen. (Darmest. § 171, Gräf. 55 f., Garn. 26, Procop 49, Corn. XI, 89 f.) 127, 6 *Ils nous en font accroire ... Qu'il sont blessez à mort, comme en effet aussi Aucuns par nos rigueurs tombent en grand soucy.* Attributives *aucun* im Plural findet sich bei Gessner II, 26 bis auf Fénelon belegt und ist erst in diesem Jahrhundert ausgestorben. 54, 27 *les bonnes compagnies où l'on ne faict ny dict aucunes vilenies.*

2) Zu gleicher Zeit und bis ins 17. Jahrhundert begegnet auch quelque statt *aucun* in negativen Sätzen. (Gräf. 60, Mol. Lex. 288.) 36, 7 *Ay-je quelque plaisir? Sens-je quelque amertume que l'usage commun ne me tourne en coustume?* 173,4; 184, 23.

Unausgedrückt ist das Indefinitum geblieben in 48, 13 *J'ay reu de nos coureurs ... Donner jusqu'à Sidon.*

3) Nul kann im 16. und Anfang des 17. Jahrhunderts noch des Zusatzes der Negation entbehren (Darmest. § 176, Gräf. 58); Garnier liefert zwar für diese Erscheinung kein Beispiel mehr, ebensowenig Corneille. Unser Schriftsteller gebraucht *nul* noch in seinem vollen alten Umfange: a) substantivisch: 106, 7 *le meilleur sera de me celer, Et nul de mes amis ny parents appeller* (ohne *ne*). 158, 5 *De fruit hors de saison nul ne se doit pourvoir.* 165, 32. — b) adjektivisch: 105, 5 *je n'en ay nulle envie.* 109, 6; 155, 13 *tous sermenz forcez sont de nulle valeur* (ohne *ne*).

4) Chacun erfüllte früher sowohl die Funktion eines Substantivs als auch die eines Adjektivs und bewahrte diese Kraft bis ins 17. Jahrhundert (Gessner II, 26, Darmest. § 173, Gräf. 57, Garn. 26, Procop 48). a) substantivisch: 225, 23 *Chasqu'un fait ce qu'il peut,* ebenso auch vom unbestimmten Artikel begleitet, wie es von Corneille noch in seinen frühesten Werken verwendet, später aber in *chacun* verwandelt wird (Corn. XI, 163): 105, 16 *Qu'à tous festins de ville un chascun me diffame!* — b) adjektivisch: 54, 3 *Tailler de la besongne à chacune serrante.*

5) Maint wird im 17. Jahrhundert noch substantivisch gebraucht (Gessner II, 27), einen Beleg dafür bietet unser Schriftsteller nicht; bis in die neueste Zeit aber wurde es als Adjektiv verwendet: 57, 17 *Combien que maintes fois des barres courtisans M'ont tenté.*

6) Über même ist zu bemerken, dass es sich nach einem Pronomen im Plural unflektiert findet; für Malherbe vgl. Holfeld 43

über diese Erscheinung. Umgekehrt schreibt Corneille einmal *moi-mêmes*, ändert es aber später in *moi-même* (Corn. XII, 81).
Dieses Schwanken in der Schreibung erklärt sich aus der Unsicherheit in der Schreibung des Adverbs *même* (vgl. Adverb u. S. 37):
61, 19 *Pensez donc (ô soupirs) à vous-mesme.* 106, 9 *Les uns reillent eux-mesme aux femmes qu'ils possèdent.*
Attributives *même* findet sich im 16. und 17. Jahrhundert zuweilen hinter seinem Substantiv (Gräf. 58, Corn. XII, 80):
55, 10 *Je ne vois tousjours rien qu'une cadence mesme.* Dieselbe Erscheinung bei aucune: 179, 10 *Ah! fille sans secours et sans ressource aucune!*

7) Der Konzessivsatz wird im 17. Jahrhundert schon durch die heute üblichen Wendungen ausgedrückt; abweichend ist nur das schon im 16. Jahrhundert selten anzutreffende attributive *quel ... que*, zu dem Corn. XII, 250 ein Beispiel aus Cinna liefert, und welches auch aus Molière in einem Beispiel belegt ist (Villeh. und Joinv. 54, Mol. Lex. 341, Garn. 25) und die früher häufige, heute nur noch in der Wendung *tant soit peu* erhaltene Verallgemeinerung mit *tant*: 155, 15 *Si m'y faut il passer, quel peril que j'y roye.* 181, 5. 80, 20 *je l'attrapperay, tant soit-elle madrée.* 87, 13; 218, 15; 224, 12.

H. Unbestimmter Artikel.

Die französische Sprache, sowohl in der ältesten Zeit, als auch später bis ins 17. Jahrhundert zeigt im Gebrauch des unbestimmten Artikels grosse Freiheit. (Diez III, 20, Benoist 84 ff., Villeh. und Joinv. 64, Darmest. § 181, Gräf. 10, Garn. 28, Procop 15).

1) Sehr häufig fehlt der unbestimmte Artikel vor einem Substantiv, welches von einem Adjektiv begleitet ist, besonders auch wenn letzteres durch *si* modifiziert wird: a) bei Adjektiv ohne Präposition: 174, 13 *Pren donc ... La galère amirale et suffisante escorte.* 210, 3. — b) bei Adjektiv mit Präposition: 138, 4 *Vous estes de famille ennemie à la sienne.* 221, 18. — c) vor Adjektiv modifiziert durch si: 177, 21 *Plustost que me garder à si piteuse mort.* 124, 22; 151, 4. — d) ebenso bei Adjektiv modifiziert durch tout: 111, 11 *Son maistre n'a de soy que tout maurais presage.* — e) vor und nach einem Komparativ: 102, 10 *je ne croy pas qu'un bon tireur de laine Puisse aroir, au gibet, posture plus vilaine que moy.* 223, 29 *Prince plus accomply que prince de la terre.*

2) Der unbestimmte Artikel ist entbehrlich vor tel (Garn. 30): 59, 24 *Il faut que par douceur telle humeur se manie.* 142, 12; 180, 13.

3) Dagegen steht der unbestimmte Artikel abweichend vom heutigen Gebrauch: a) bei chacun, vgl. *chacun* S. 20; b) bei der Apposition: 41, 6 *C'est le reste de ceux Qui ... ont engraissé la terre, Un reste mal conduit par un novice en guerre.* 209, 19.

IV. Verba.

A. Arten der Verba.

a) Impersonalia.

Von afz. Impersonalien, die im Nfz. verloren gegangen, oder deren unpersönlicher Gebrauch aufgegeben worden ist, sind im 17. Jahrhundert nur wenige erhalten; in unserem Schriftstück begegnen nur chaloir und souvenir: 185, 6 *Il ne me chault de rien.* Littré belegt dieses Verb bis ins 17. Jahrhundert; heute existiert es als Verb nur noch in der Wendung *il ne m'en chaut* und im *Partic. chaland, nonchalant* (Acad.). 177, 28 *il me souvient qu'arant nostre amitié Je ressentis d'abord l'effet de la pitié.* Im Afz. wird *souvenir* unpersönlich konstruiert, daneben auch reflexiv, nachdem die eigentliche Bedeutung „von unten kommen, aufsteigen" in Vergessenheit geraten war (Tobler). Bei Malherbe ist die unpersönliche Konstruktion noch überwiegend (Holfeld 47, Malherbe V, 613), bei Corneille existieren beide Konstruktionen neben einander (Corn. XII, 350), bei Racine aber schon die persönliche Konstruktion überwiegend (Racine VIII, 500), ebenso in unserem Text, welcher neben häufiger persönlicher Konstruktion nur eine unpersönliche aufweist.

Faillir wird afz. persönlich konstruiert, wie sein Etymon *fallere*. Bei Joinville ist die persönliche Konstruktion noch die gewöhnlichste; doch ist der unpersönliche Gebrauch schon angebahnt (Villeh. und Joinv. 70); aus Malherbe, Corneille, Racine ist es nicht mehr persönlich belegt. In unseren Stücken begegnet neben zahlreichen unpersönlichen Konstruktionen eine persönliche: 51, 18 *C'est ce qui nous oblige à ce fascheux devoir, Et faut jusqu'à la fin nous forcer à le voir.* (Das Subjekt zu *faut* ist: *ce qui.*)

b) Transitiva.

1) arguer = anklagen; ist in dieser Bedeutung von Littré bis zum 15. Jahrhundert belegt und ist heute in dieser Bedeutung noch vorhanden in *arguer un acte de faux* (Académie). 55, 18 *Souvent nostre soupçon de malice m'argue.*

2) aviser = ansehen. Littré: „*Familièrement, apercevoir.
Terme de chasse, Aviser le gibier, l'apercevoir*". Cf. auch Sachs
und Garn. 34. 63, 8 *je ne suis pas digne Seulement d'aviser
son front en droitte ligne.*

3) bailler = geben; veraltet in dieser Bedeutung (Littré),
bei Corneille und Molière ist es noch ganz gebräuchlich; aus
Racine aber findet es sich nicht belegt. (Corn. XI, 111, Mol.
Lex. 35, Racine VIII) 86, 18 *baillez-la moy.*

4) bien-heurer = glücklich machen; findet sich bei Sachs
aus Régnier belegt; bei Darmest. § 3 aber nur mit persönlichem
Objekt in der Bedeutung „*lui souhaiter du bonheur*"; bei Malherbe
V, 69 aber mit dem Vermerk: „*blâmé chez des Portes*". 125, 13
*Amour, qui, bien-heurant le malheur de ma prise, A guidé mes
pensers à si haute entreprise.*

5) busquer = suchen; findet sich nur belegt bei Littré
unter *Fortune* 2⁰: „*busquer fortune . . . ce mot, aujourd'hui inusité
n'est pas à son (de l'Académie) rang alphabétique. C'était une
locution espagnole, buscar chercher, introduite au 16 et au 17 siècle*".
101, 32 *C'est pourquoy je resouls, quoy qu'il en reussisse De
busquer ma fortune à quelque autre exercice.*

6) dissouls = *trempé* getaucht; findet sich nirgends sonst
belegt: 60, 6 *Employez sans pitié contre nu si grand outrage
Jusqu'aux coups de poignard dissouls en un breurage.*

7) divertir = ablenken; ist erst in neuerer Zeit veraltet:
168, 8 *Y (au prince) pensez-rous encor? – O question gentille!
Qui m'en divertiroit?*

8) duire = *convenir;* wird von der Académie und Littré
als „*vieilli et familier*" bezeichnet. 141, 13 *un moyen qui nous
duise.*

9) enfondrer = zerbrechen; Littré belegt es aus dem
15. und 16. Jahrhundert; aus Rabel., Moland im Gloss. zu Rabel.
S. 689; cf. auch Sachs. 52, 15 *Qui rompit nostre flotte . . .
Embrazant, enfondrant . . . Nos plus vaillants soldats et nos
meilleurs vaisseaux.*

10) espoindre = *piquer;* Littré belegt es aus Régn. und
aus dem 16. Jahrhundert, Darmest. § 3. 187, 5 *un mesme amour
elle et moy nous espoint.*

11) influer = einflössen; noch im 17. Jahrhundert als
Transitivum vorkommend. (Garn. 34, Littré.) 174, 2 *Influe en
mon langage, ô beau Cyllenien! Et le doux artifice et la force
du tien.*

12) jurer = beschwören; *jurer* mit dem Akkusativ dessen,
bei dem man schwört, belegt Littré bis ins 17. Jahrhundert.
Cf. auch Villeh. und Joinv. 72. 222, 26 *je jure les dieux*

de ne jamais sortir Qu'impetrant ou mourant de l'enceinte de Tyr.

13) navrer = *blesser;* bis ins 18. Jahrhundert gebräuchlich. Corn. XII, 107; Littré. 75, 11 *Taillant et renversant plus d'ennemis navrez.*

14) oïr = hören; ist heute nur noch im Infinitiv und Partizip gebräuchlich (Littré), doch belegt Littré aus Corneille und Lafontaine auch andere Formen; cf. Corn. XII, 141; es ist im 17. Jahrhundert noch vollständig vorhanden: 160, 8 *j'oy du bruit;* 182, 25. 83, 22 *elle n'orra parler de ballet;* 104, 21. 163, 15 *Mais oyons, Timadon.* 184, 9. 209, 2 *Qu'avant m'avoir ouy.*

15) partir = teilen, bis ins 17. Jahrhundert bei Littré belegt, cf. auch Villeh. und Joinv. 71. 178, 3 *Soit lorsque le soleil alloit monter en coche, Soit alors que plus haut il partissoit le jour, Soit alors que dans l'onde il achevoit son tour.*

16) raggraver = erschweren; findet sich nirgends sonst belegt. 221, 6 *Rude misericorde qui raggrave ma peine.*

17) ramentavoir = *rappeler,* ins Gedächtnis zurückrufen; findet sich bei Littré belegt aus Malherbe, Molière, Voltaire; cf. auch Holfeld 23; Malherbe V, 533; Mol. Lex. 349. 52, 13 *Quand je me ramentoy son courage barbare.* 132, 11.

18) rengreger = erschweren; Littré gibt nur Belege aus dem 16. Jahrhundert, Malh. V, 558 gibt einen Beleg in reflexiver Bedeutung, Mol. Lex. 356 gibt das Substantiv *rengrégement* aus Molière, das Verb *rengréger* aus La Fontaine. 150, 11 *Combien à vostre abord mon mal est rengregé.*

19) semondre = ermahnen; Littré belegt es aus dem 17. Jahrhundert, aber auch noch aus Chateaubriand; cf. auch Darmest. § 3; Mol. Lex. 369. 59, 33 *l'interest m'y semond.*

20) souffrir qch. à qn. = *permettre;* belegt Littré bis ins 18. Jahrhundert; cf. auch Garn. 37; Mol. Lex. 381. 59, 22 *Souffrez-luy quelquefois et la dance et le jeu.*

21) targuer = beschützen; Littré belegt es bis ins 16. Jahrhundert; auch bei Garn. 33 findet es sich ebenso transitiv. 181, 11 *Vivons doncques, virons, targuez de la vertu.*

22) transiger = abschliessen; Littré belegt es als Transitivum nur „*Dans le langage administratif, accorder par une transaction*"; Sachs gibt es nur als intransitiv an. 50, 9 *Nos chefs pour six soleils la trève ont transigée.*

Anm.: Unter den faktitiv gebrauchten Verben ist tenir zu bemerken, welches in drei Konstruktionen in unseren Stücken begegnet:

1) tenir qn. (qch.) qn. (qch.) 130, 29 *Je tiens telle faveur si loin de m'estre deue.*

2) tenir qn. (qch.) pour qn. (qch.) 196, 31 *O roy que
chaqu'un tient pour miroir de bonté.*

3) tenir qn. (qch.) à qn. (qch.), wie afz. gebräuchlich und
auch noch im 17. Jahrhundert (Corn. XII, 373, Mol. Lex. 393)
92. 6 *Et si tiens son absence à souverain malheur.* 130, 1
Moy qui tiens à faveur de vous favoriser.

Ebenso die heute veraltete Wendung (Sachs, Littré) 136, 17
Je veux mettre à mepris et la vie et l'honneur.

c) Intransitiva.

1) chevir = „bemeistern," zum Ziel kommen; Littré belegt es bis Molière, Sachs als veraltet; 78, 25 *Vous n'en
chevirez pas.*

2) conniller = sich verbergen; Littré belegt *connil „Vieux
nom de lapin"* aus Froissart, *conniller* erwähnt er nur; Sachs
gibt als veraltet: *connil* und *conniller;* sonst findet es sich nirgends belegt: 73, 21 *Belcar . . . Connilla quelques jours, esqui-
vant, reculant . . .*

3) courre = *courir;* noch heute gebräuchlich statt *courir*
in *courre le cerf, laisser courre* cf. Académie, die hinzufügt:
„*Courre, peut s'employer dans quelques autres cas pour courir, mais
il a vieilli";* Littré belegt es bis ins 18. Jahrhundert. 169, 8
Je crain, vous voyant courre au peril sans contrainte.

3) forcener = ausser sich sein; noch heute gebräuch-
lich ist das Partizip *forcené* (Académie), alles andere ist veraltet:
Littré belegt das Verb bis Fénelon, mit dem Vermerk: „*Mot
tombé en désuétude".* 28, 15 *il forcène de se voir si laschement
trompé.*

5) gesir = liegen; wird in den bekannten Formen heute
nur noch von Toten, Kranken und Dingen, welche die Zeit oder
Zerstörung umgestürzt hat, gebraucht; im 17. Jahrhundert dagegen hat es noch die Bedeutung „*se trouver, consister"* (Littré).
47, 22 *les biens ou les maux Gisoient aux intestins des brutes
animaux.*

6) impetrer = erlangen, findet sich sonst nur als verbe
actif aufgeführt (Littré, Sachs), ist aber in unserem Stück absolut
gebraucht, mit Ergänzung des Objekts „das Erstrebte". 222, 27
*je jure les dieux de ne jamais sortir Qu'impetrant ou mourant
de l'enceinte de Tyr.*

7) puer = stinken; nach Richelet und Furetière existierten
zwei Formen: *puer* und das von der Académie nicht belegte *puïr,*
beide aber defectiv. Das *Présent* lautete: *je pus, tu pus, il put*
(Mol. Lex. 336, Littré, *puer,* Remarque); *puïr* ist belegt aus
Molière und bei Littré noch aus Lesage. 80, 21 *son haleine me put.*

8) **raffoler** = wahnsinnig werden; Littré gibt nur an „*raffoler de qch.* = *se passionner follement pour*" und ausserdem „*raffolé = derenu fou*" mit dem Vermerk: „*Ce participe passé n'est pas dans le Dictionnaire de l'Académie*". 44, 13 *Je brusle, je me meurs, je raffole* (ruft der gefangene Leonte aus).

9) **redonder** = überfliessen; ist in Littré, Académie, Sachs nur in den beiden Bedeutungen belegt: 1) „überflüssig sein", 2) „überfüllt sein mit etwas". In unserem Schriftsteller steht es mit *sur* und *à* in seiner etymologischen Bedeutung: überfliessen = *redundare*. 50, 22 *Que son doux traittement redonde sur Leonte.* 196, 12 *Mais faut-il que la peine ... Redonde à mon enfant.*

10) **ricasser** = spötteln; findet sich nur bei Littré in Etymol. von *ricaner*: „*Le mot du Berry ricasser parait formé de rire*". 53, 7 *Enfin que faire au bal! Ricasser, babiller.*

11) **suppléer** = ersetzen; heute wird es wohl mit dem Dativ der Sache, aber nur dem Akkusativ der Person gebraucht; *suppléer qn.* aber *suppléer à qch.* (Littré, Sachs). 50, 23 *Mes filles suppléront ... A moy.* 113, 11.

12) **tascher**; ist heute transitiv, nur mit *y* begegnet es noch familiär (Littré). 173, 4 *encore ne peut-on pas tascher A quelque trait subtil qui le face lascher?*

13) **trébucher** = fallen; ist bei Littré bis ins 17. Jahrhundert belegt, heute hat es nur noch die Bedeutung „stolpern, straucheln". 75, 12 *renversant plus d'ennemis navrez Qu'on ne voit tresbuscher de fleurettes aux prez.*

14) **venir** mit folgendem Adjektiv ist aus unserem Schriftsteller in der Bedeutung von devenir = werden zu notieren: 124, 19 *son (cerf) chef devint tout rond, Son poitrail s'espaissit de longue chevelure; La jambe s'accourcit ... Son poil devint tout roux ... Ses pieds vinrent griffus, larges à l'avenant; Bref, ce fut un lion.*

15) **verser** = sich aufhalten; ist nur von Sachs erwähnt; eine andere Bedeutung ist noch afz. belegt Chanson de Roland éd. Gautier 3575 *verser* von *versus* (*vertere*). 181, 5 *La chair quitte ces maux dans le sein de sa mère Et brave les douleurs; mais le souffle divin, C'est l'homme proprement qui ne prend point de fin, Et qui porte son mal de quel costé qu'il verse* (auf welcher Seite — Ober- oder Unterwelt — er sich aufhalte).

d) Reflexiva.

1) Von Reflexiven, die heute ausgestorben oder veraltet sind, ist nur eins aus unseren Stücken zu merken: s'esjouir, welches Littré aus Lafontaine, Pascal, Saint-Simon belegt mit

dem Bemerken: „*Ce mot a un peu vieilli, mais il est encore bon*".
74, 16 *Chacun s'esjouissoit comme allant à la feste.*

2) „Nicht wenige eigentliche Reflexiva können unbeschadet ihrer Bedeutung das Pronomen ablegen" (Diez III, 193); nach *faire* ist dies bei folgendem reflexiven Infinitiv noch heute regelmässig, nach *laisser, sentir, voir* noch zuweilen der Fall (Benoist 107, Lücking § 379 Anm. 2, Garn. 36, Godefroy II, 200). Aus unseren Stücken sind, abgesehen von den noch heute gültigen Fällen, zu notieren: 152, 3 *Nostre soleil levant.* 165, 16 *Mesmes (si je le puis) il faut à contre-cœur Monstrer en mon desir* . . . (mich in meiner Sehnsucht zeigen). Aus der o. S. 9 f. behandelten Stellung der Objektspronomina vor dem Verbum folgen Erscheinungen wie: 44, 1 *que si laschement je me soy voulu rendre* (= *j'aie voulu me rendre*) vgl. auch Garn. 42.

3) Gebräuchlich ist auch in unseren Stücken die von Génin, Mol. Lex. 20 und 368 mit zahlreichen Beispielen belegte Verwendung von intransitiven Verben mit und ohne Reflexivpronomen, ohne dass die Bedeutung geändert würde (Diez III, 192): 90, 1 *ton Belcar se guerit.* 123, 24 *un chien qui se joue aux pieds de sa maistresse.* 165, 20 *Soulayez mon angoise, autrement je me meurs.* So ist auch s'en aller, s'en venir mit folgendem Infinitiv statt der einfachen Verba im 17. Jahrhundert noch gewöhnlich (Garn. 36, Littré *venir* 4') 57, 5 *je m'en vay le prier.* 145, 18 *Ah! je m'en vay mourir;* so s'en aller sehr häufig in unseren Stücken, welche aber kein Beispiel für s'en venir bieten.

4) Der für das Afrz. von Tobler, Vrai Aniel S. 29 behandelte Gebrauch, „den passiven Ausdruck im reflexiven Sinne" zu setzen, oder „des Reflexivpronomens in den zusammengesetzten Zeiten der reflexiven Verba" zu entbehren, erhält sich bis zum 17. Jahrhundert (Villeh. und Joinv. 78; Garn. 38). Unsere Stücke liefern nur ein Beispiel: 73, 23 *Belcar . . . Connilla quelques jours. esquirant, reculant. Mais tousjours en sa marche aussi ferme que lent, Tant qu'il fut emparé d'une colline forte.*

5) Bei reziprokem l'un l'autre bedarf die alte Sprache vor dem Verbum nicht des reflexiven Pronomens, dessen Setzung im 16. Jahrhundert noch ungebräuchlich, erst im 17. Jahrhundert zur Regel wird (Benoist 107, Garn. 38). 45, 17 *que j'ay de pensers l'un l'autre séduisans, De mouvements d'esprit l'un autre destruisans!* 26, 2 *Pharnabaze . . . et Abdolomin . . . après s'estre fait la guerre l'un à l'autre.*

6) Die Wechselbeziehung wird in der alten Sprache häufig, heute nur noch in bestimmten Fällen durch Zusammensetzung des Verbs mit entre ausgedrückt (Garn. 38, Corn. XI,

372 f.). 214, 5 *tous deux ils s'entre-doivent.* 75, 26 *s'entre-choquer;* 132, 5 *s'entremignarder.*

7) Der im Afz. unbekannte, unter italienischem Einfluss in die Sprache eindringende Gebrauch, die reflexive Form des Verbs statt des Passivs oder des Aktivs mit *on* zu setzen, erhält sich bis heute unter der Einschränkung, dass weder das Subjekt eine Person sein darf, noch dass ein präpositionaler Ausdruck folgen darf, der das Subjekt bezeichnet. Im 16. und 17. Jahrhundert war diese Einschränkung noch nicht in Geltung (Darmest. § 194, Malh. V, XXVIII). 156, 17 *Tout mal fait se pardonne entre les bons amis.* 54, 22.

B. Umschreibung und Stellvertretung.

1) Die Umschreibung des einfachen Verbs durch être mit dem Gerundium resp. participe présent erhält sich bis ins 17. Jahrhundert (Diez III, 199; Garn. 47, Procop 52). 68, 2 *Mes devis à l'honneur ne sont jamais nuisans.* 173, 19 *qui seroit refusant ... d'un liberal present?* 221, 17 *Vous estes desormais sçavant de ma demande.* In den beiden letzteren Fällen erhellt aber aus dem abhängigen Genitiv nominale Kraft des Partizips.

2) aller mit dem Partizip Präsentis wird afz. und noch bis auf Corneille im Sinne des einfachen Verbs gebraucht (Diez III, 201, Benoist. 43, Gräf. 62, Garn. 46, Procop 52). 49, 6 *Tant en simple soldat il s'alloit hazardant.* 62, 12; 113, 5; 211, 16.

3) Ebenso venir mit dem Infinitiv. 139, 17 *le courroux du roy, qui riendroit m'accabler.* 133, 7.

4) Das einfache Verb wird ferner ersetzt durch eine Umschreibung von rendre mit dem Participe passé (Gräf. 64, Corn. XII, 290). 89, 21 *lorsqu'on voudra rendre la braise esteinte.* 41, 14; 79, 19; 125, 7.

5) faire mit folgendem Infinitiv steht statt des einfachen Verbs (Garn. 47). 83, 18 *Il me faut excouter, Ce qui le fait ainsi de soy-mesme irriter.* 47, 28; 184, 11.

So ist töten häufig durch faire mourir, heilen durch faire vivre in unseren Stücken ausgedrückt; überhaupt ist das bequeme faire ungemein häufig statt bestimmterer, ausdrucksvollerer Verba, wie bewirken, dahin sterben, schaffen etc. verwendet. 70, 2 *Les grands ont ceste humeur, et leurs femmes aussi Au choix des favoris en font souvent ainsi* (= verfahren, handeln). 73, 15 *Ainsi voit-on souvent, par un vol passager, En un ordre constant sous leur chef se ranger, Puis faire, en haschant l'air, les haut volantes grues, qu'au clairons de leurs cris retentissent les nues.* 74, 7 *Les lanciers harnachez ...*

Faisoient l'une et l'autre aisle au corps de la bataille (= bildeten).
174, 16 *j'ay . . . qu'il ne s'acquière point . . . Le nom de tyrannie.*
204, 1 *Je descourris bien-tost cest amour flamboyant Et fis tant
que j'appris leur promesse jurée.*
6) Zu dem Weber, S. 14 behandelten Gebrauch von modalen
Hilfsverben mit zu ergänzendem Infinitiv ist zu stellen ne pouvoir que = nicht umhin können, welches bis ins 17. Jahrhundert üblich ist (Littré, *faire* 2°, Mol. Lex. 314 und 333, Sachs).
69, 1 *L'honneur que vous m'offrez sur un premier aspect Ne
peut . . . qu'il ne me soit suspect.* 160, 13.
7) Als sogenannte verba vicaria fungierten afz. estre
und faire; ersteres zum Ersatz eines vorhergehenden prädikativen
Nomens, letzteres zum Ersatz eines vorhergehenden Verbums.
Beide bestehen fort und werden von Vaugelas noch gebilligt.
Im Nfz. sind beide nur noch so gestattet, dass bei *estre* durch
le, la, les, bei *faire* durch neutrales *le* auf das zu ergänzende
prädikative Nomen resp. Verbum hingewiesen wird (Diez III, 415;
Tobler zu Chev. au Lyon 84 und 1928; Benoist. 227; Zsch. f.
rom. Phil. II, S. 549, No. 15; Lücking § 209, d). 106, 26 *Pour
moy, je suis bien seur . . . Estant comme je suis, sorty de la
cité.* 40, 21 *Pourquoy vaudrions-nous moins que ne faisions
jadis.* 144, 17; 175, 9. So sehr häufig mit *faire*.

C. Der Konjunktiv.

(Über die Freiheit im Gebrauche dieses Modus im 16. Jahrhundert vgl. Benoist. 90—99, Darmest. § 200—202, Weissgerber,
Zs. f. nfz. Sp. VII, VIII.)

1. Im Hauptsatze.

a) Der Konjunktiv im Hauptsatze bedarf zum Ausdruck des
Wunsches und der Aufforderung im Afz. noch nicht der
einleitenden Konjunktion *que* und hat sich so in einigen Wendungen bis heute erhalten; bedeutend häufiger aber ist dieser
Konjunktiv ohne *que* noch im 16. und auch noch im 17. Jahrhundert, obgleich auch da schon der Gebrauch von *que* das Gewöhnliche war (Darmest. § 200, Garn. 48, Procop 59). 128, 14
*Las! Madame, plustost se darde le tonnerre Sur mes cheveux
grisons, et m'engouffre sous terre, Qu'il avienne par moy quelque faute de vous.* 58, 11; 223, 1. Andererseits steht *que* in
Wendungen, wo es heute fehlt: 51, 13 *Las! que plust-il aux
Dieux que nous tinssions icy Son ostage.*
b) Ebensowenig bedurfte die ältere Sprache des *que* beim
Konjunktiv der Einräumung (Garn. 49, Procop 61). 49, 2
Ils l'ont traîné vers eux, veuille ou ne veuille pas. 81, 5.

In den meisten Fällen ist dieser Konjunktiv der Einräumung von einem Adverb begleitet, besonders von tant wie auch im Afz. (Tobler, Mitteilungen 268; Diez III, 363, Bischof 23). 80, 20 *je l'attrapperay, tant soit-elle madrée.* 218, 15; 224, 12; 126, 13 *ne craignez pas, ma mère, que mon feu Des bornes de l'honneur s'égare tant soit peu.*

Dieser häufig begegnende Konzessivsatz ist zur Bedeutung eines Adverbs = im geringsten herabgesunken (Sachs).

In einem Falle steht im Einräumungssatze, der durch tant bestimmt ist, das Conditionnel, ohne dass in der Bedeutung eine Abweichung von den vorhergehenden sich erkennen liesse. 87, 15 *J'ay des filles du roy la dangereuse garde, Dont, tant bien qu'en seroit mon devoir acquité, Le père a neantmoins tant de sererité.* Cf. o. S. 18 zum Relativsatz.

c) Der Konjunktiv der Einräumung liegt vor in Fällen wie: 160, 13 *Fust-ce ma mort, je ne puis que l'attendre;* wo der invertierte Satz einen Konditionalsatz mit *si* vertritt (Mätzner, franz. Gram. S. 329). Auffallend ist daher der Indikativ in dem folgenden Beispiel dieser Art, welcher sich nur dadurch erklärt, dass der Sprechende das wirkliche Geschehensein der Thatsache im Bewusstsein hat und zum Ausdruck bringt; aus demselben Grunde folgt im abhängigen Satze das Perfekt. 89, 12 *Le roy ... a conclu ... De la renger première au joug de l'hymenée, Et n'estoit qu'aujourd'huy contre une offre de paix Il a confirmé la guerre pour jamais, Je croiroy qu'en son cœur.*

2. Im abhängigen nominalen Satze.

a) Der Modus des determinierenden Relativsatzes bietet im 16. und 17. Jahrhundert nur selten Abweichungen vom heutigen Sprachgebrauch (Gräf. 78, Garn. 50).

In unserem Schriftsteller sind einige Fälle zu bemerken, in denen das Conditionnel den zu erwartenden Konjunktiv Imperfekti vertritt. Die Vertretung dieses Konjunktives durch das Konditionalis weist Gräf. 87. auch aus dem 16. Jahrhundert nach. 151, 5 *Mon penser ne peut pas si grand malheur se feindre.* — *Feignez-vous le plus grand que vous auriez peu craindre.* 173, 12. Umgekehrt findet sich aber auch der Konjunktiv und zwar nicht nur des Imperfekts, wie in den bei Gräf. nachgewiesenen Fällen, an Stelle eines zu erwartenden Konditionalis im attributiven Relativsatz (Darmest. § 201). 34, 17 *Bref, voilà l'esperance où mon honneur se baigne: Des villes, des trésors, que j'en perde ou j'en gaigne, Il m'est indifferent.* 223, 12 *Quel libyque animal ... seroit d'une humeur si farouche et barbare Que de n'aymer enfin ton amitié si rare ... Ce que, tant fust-il grand, ton merite n'eust faict!*

Anm. Auch sonst, im unabhängigen Satze findet sich der Konjunktiv des Imperfekts statt des Konditionalis: cf. auch S. 30 Einräumungssatz. 144 13 *Arant ce mal de teste ou m'eust en beau prescher Pour me faire sans gage une obole luscher.* 192, 19 *La chalouppe qui suit à ta pouppe attachée, Dès le dol recogneu, deust estre despeschée.*

b) Der von jeher gesetzmässige Konjunktiv in Sätzen, die von Ausdrücken der Willensäusserung abhängen, ist wie afz. auch im 16. Jahrhundert und später nicht ohne Ausnahme (Bischoff 28; Gräf. 74). In unseren Stücken findet sich unter der Annahme, dass in 26, 11 *bataille où la fortune, continuant à se jouer de ces peuples, voulut que la perte fut esgalle, fut* nur eine fehlerhafte Schreibung ist, der Indikativ nach permettre: 28, 32 *la fortune ... permit que Belcar ... survient au point de l'execution et la fait retarder par sa presence.* Sowohl Modus als auch Tempus bilden hier eine Unregelmässigkeit, die sich nur in der Weise erklären lässt, dass der Erzähler so vollständig auf die Wirklichkeit der im Nebensatz berichteten Thatsache Gewicht legt, dass er dieselben absolut, unabhängig vom Vorhergehenden hinstellt (cf. Garn. 51). Ebenso erklärt sich der Indikativ nach einem Ausdruck des Hinderns: 148, 7 *Qui me tient encor que je ne fay sortir Du thresor de mes ports la puissance de Tyr?*

c) Nach den Verben des Fürchtens findet sich, wenn der Affektsausdruck derselben in den Hintergrund tritt und sie zum Ausdruck eines Urteils, eines Gedankens gebraucht werden, der Indikativ statt des zu erwartenden Konjunktivs. So schon im Afz. und noch bis ins 18. Jahrhundert (Bischoff 31; Garn. 51; Hölder 368, 3; Gräf. 74). 144, 2 *J'ay peur qu'un repentir suivra mon attentat.* 196, 18 *je m'en doutois bien, qu'une humeur furieuse Procederoit tousjours par voye injurieuse.* Ebenso nach anderen Ausdrücken des Affektes (Bischoff 45, Krolliek 23). 52, 8 *Quel dommage pour nous qu'un cœur tant accomply N'est autant d'amitié que de haine remply!* 64, 20 *Il me seroit plus doux ... Qu'entre Belcar et moy, par un dernier effort, On sousmit en duel le plus foible au plus fort.*

d) Nach nicht verneinten Verben und Ausdrücken des Denkens findet sich, wie afz., noch im 16. und 17. Jahrhundert und in gewissen Fällen, z. B. nach *on dirait*, sogar noch bis in die neueste Zeit ein Konjunktiv der Annahme. (Tobler, Vrai Aniel 25 *cuidier;* Bischoff 57; Benoist 60 f.; Gräf. 77; Garn. 52; Mätzner, franz. Gram. § 118, 3, aa Beispiele aus Guizot, Thiers liefernd.) Hölder S. 371 belegt diesen Konjunktiv aus Molière, Boileau und Voltaire mit der irrigen Erklärung: „Zuweilen

steht nach den Zeitwörtern des Denkens, Meinens der Konjunktiv
ohne eine solche Hinweisung auf einen negativen Sinn, der
aber im Gedanken des Redenden liegt." 110, 8 *Cherchez
d'autres amis.* — *Je pensoy qu'à chaqu'un ce doux nom fust
permis.* 210, 30 *comment cet injuste soupçon Vous a-t-il
peu seduire en aucune façon! Que j'eusse à vous, Madame,
une autre preferée ... Qu'eu mon amour si franc et si bien
estably Auroit peu se glisser le mespris et l'oubly?*

Allerdings liegt im zweiten Beispiel auch die Möglichkeit
vor, dass der konjunktive Nebensatz losgelöst vom Vorhergehenden
eine Annahme ausdrückt. Über das Konditionalis im koordinierten
Nebensatz vgl. die Anmerkung zum Modus im Relativsatz S. 31.

c) Im indirekten Fragesatz findet sich afz. nach la-
teinischer Art noch der Konjunktiv, während heute der Indikativ
Gesetz ist, ausser in einem Falle, nach *qu'importe.* Der afz.
Gebrauch erhält sich bis ins 16. Jahrhundert und ist bei unserem
Schriftsteller noch in einem Beispiel zu belegen, nach quiconque,
wo er durch den verallgemeinernden Sinn veranlasst wird
(Bischoff 73; Diez III, 390; Gräf. 77; Garn. 50, 2). 82, 30
Nul n'avise au dedans quiconque entre ny sorte. Ausserdem
wie noch heute gültig: 110, 13 *Qu'importe d'où je vienne.*
102, 1.

3. Nach Konjunktionen.

Nach combien que = *quoique* steht im 16. Jahrhundert
neben dem Konjunktiv auch der Indikativ (Gräf. 75). 89, 5
*Combien que jusqu'icy ceste mine volage N'ait rien fait qui
ne soit priviléye de l'ange.* 57, 17 *Combien que maintes fois
des braves courtisans M'ont tenté de regards.*

Ebenso nach pourvu que: 52, 24 *J'en tiendroy digne-
ment nos dommages vengez, Pourven que nos captifs n'y
fussent engagez.* 128, 13 *la plus severe et la plus suffisante
consentiroit au mal ... Pourven qu'elle crut bien qu'il de-
meurast couvert.*

Der Konjunktiv steht ferner abweichend nach temporalen
Konjunktionen (Bischoff 110): 134, 14 *Moy ... ayant ce
corps tendret eslevé jusqu'icy Dès l'heure qu'Atropos le terme
eust accourcy Du support maternel.* 159, 5 *Puis qu'on s'en
apperceust ... Où seroit mon aysle en la terre habitable.*
(Wenn man es bemerkte. Littré belegt *puisque* temporal bis ins
15. Jahrhundert.)

tant que = so lange bis mit finalem Sinne steht mit dem
Konjunktiv und Indikativ (Bischoff 108 f., Gräf. 136, Garn. 91,
Corn. XII, 369). 127, 21 *leur brigue perilleuse Mine l'ame*

fragile ... *Tant qu'ils nous facent choir.* 175, 14 *Livre-luy
quand et quand Zorote* ... *Sa croy j'ay differée Tant qu'il
aura de luy la verité tirée.* 204, 1 *Je descouvris bien-tost
cest amour flamboyant Et fis tant que j'appris leur promesse
jurée.* Nach rein konsekutivem tant ... que: 80, 5 *j'en devins
tant epris, elle tant amoureuse, Que sans les esclaireurs* ...
Nous nous fussions portés à quelque pricauté steht der Konjunktiv, um die Irrealität des Ausdrucks zu bekunden, der einem
irrealen Konditionalsatz gleich gilt.

D. Der Infinitiv.

1. Substantivierung des Infinitivs.

Nfz. finden sich einige ursprüngliche Infinitive als Substantiva gebraucht, wie *penser, vouloir;* afz. ist die Substantivierung des Infinitivs allgemein, sie erhält sich in ausgedehntem
Masse bis ins 16. Jahrhundert und nimmt erst im 17. Jahrhundert
ab, wo sie noch von Vaugelas gebilligt wird (Benoist 64, 219;
Darmest. § 203; Gräf. 89; Garn. 53; Procop 63). In unseren
Stücken begegnet er sehr häufig:

a) mit bestimmtem Artikel: 63, 30 *Qu'on me* (das *ne* des
Originals ist offenbar Druckfehler) *vienne à ce coup du vivre
appareiller.* 53, 10; 125, 15; 191, 10.

b) mit unbestimmtem Artikel: 88, 17 *Cassandre la première* ... *Avec un port modeste, un parler retenu.* 148, 11.

c) mit Pronomen: 100, 15 *Vous croiriez à leur dire, et
mesme des plus chiches, Qu'au sortir du combat ils nous feront
tous riches.* 151, 4.

d) mit Adjektiv: 123, 1 *S'estoient laissez coller l'une et
l'autre paupière Non pas d'un vray dormir* ...

e) mit abhängigem Genitiv: 111, 10 *au dire du page,
Son maistre n'a* ...

Aus dieser substantivischen Natur des Infinitivs erklärt sich
der bis ins 16. Jahrhundert häufige und noch darüber hinaus
reichende Gebrauch eines aktiven Infinitivs in passivem
Sinne (Garn. 53): 73, 2 *jamais d'un long discours je ne souffre
empescher ma cholère en son cours.* 191, 28 *O double desespoir dont je me sens poursuivre.* 154, 20.

2. Der reine Infinitiv steht als Subjekt nach voraufgehendem c'est mit Prädikat im 16. Jahrhundert, wo nfz. *de*
erforderlich ist (Darmest. § 205, Garn. 54).

In unseren Stücken finden sich beide Konstruktionen, sowohl der reine Infinitiv, als auch der Infinitiv mit *de.* 120, 33

C'est souffrir doublement que souffrir en cachette. 218, 16
c'est une folle attente ... d'esperer qu'il me tente.
Der Subjekts-Infinitiv, welcher einem mit *c'est* einge-
leiteten Prädikat voraufgeht, ist im 16. Jahrhundert und darüber
hinaus noch nach alter Weise von *de* begleitet, daneben ist allerdings auch wie nfz. der reine Infinitiv schon gebräuchlich
(Darmest. § 206, Gräf. 96). 99, 2 *De m'amener icy ... c'est
folie;* 54, 24; 58, 23 *Reprocher à l'amy ses fautes sans
remède C'est plustost l'affliger que luy donner de l'ayde.*
3) Als Objekt findet sich der reine Infinitiv häufig im
16. Jahrhundert, zuweilen im 17. Jahrhundert in Fällen, in denen
nfz. eine Präposition erforderlich wäre. (Darmest. § 204, Garn. 55,
Gräf. 92 ff.) 50, 20 *Sa blesseure autrement l'amener n'eust
permis.* 149, 19 *ce grand Alexandre ... Qui ne craignoit
manquer sinon de resistans.* Daneben auch *de:* 183, 8 *craig-
nant de retomber.* 176, 10 *ce chef au bourreau destiné Que
l'on esperoit voir de fin or couronné.* 191, 9. Daneben auch
de: 164, 15 *tous les biens que j'esperois d'atteindre.*
191, 29.

4) Nach einem Komparativ erfordert die Grammatik
heute einen Infinitivsatz von *de* eingeleitet, in älterer Zeit und
noch im ganzen 17. Jahrhundert genügte hier der blosse Infinitiv,
der sich selbst bei Voltaire noch findet (Lücking § 526, Garn. 57,
Procop 67). Bei unserem Schriftsteller sind beide Arten ohne
Unterschied angewendet, nach *si* aber ist *de* überwiegend gebraucht: 122, 2 *Plus tost par un poison je me verray vengée
Qu'estre tousjours plaignante.* 90, 20; 69, 4 *Si je seroy
d'humeur si credule et grossière Que de m'attribuer ...*
124, 28 *Il vaut mieux n'estre point que d'estre langoureux.*
133, 5.

Derselbe Wechsel in der Anschauung, wie er eben nach
Komparativen in dem Übergang von dem alten *que* (als) + Infinitiv zu dem modernen *que de* (als vorhanden ist von ... her)
+ Infinitiv beobachtet und von Tobler, Zschr. f. rom. Phil. I.
besprochen worden ist, liegt auch vor in dem Übergang von
altem *avant que* + Infinitiv zu modernem *avant que de* + Infinitiv, von welchen beiden Konstruktionen unser Schriftsteller
unterschiedslos Gebrauch macht, während später im 17. Jahrhundert *avant que de* allgemeiner wird. Endlich entsteht unter
Aufgabe des komparativen Charakters von *avant que de* das
heute übliche *avant de,* welches von den Klassikern des 17. Jahrhunderts noch nicht verwendet wurde und erst im 18. Jahrhundert
zur Geltung kam (Corn. XI, 99 f.; Mol. Lex. 29). 59, 11 *Avant
que l'accuser, jettez bien vos mesures.* 62, 27 *je veux, s'il*

vous plaist, avant que de vous dire Mon secret important ...
135, 24 *Il faut bien recognoistre avant de bien aymer.*

5) Der Accusativus cum Infinitivo, unter dem Einfluss
der Renaissance zur grössten Ausdehnung gelangt, findet sich im
16. Jahrhundert bei allen Schriftstellern und verliert im 17. Jahrhundert wieder an Gebiet (Benoist 112 f.; Darmest. § 208; Garn.57).
Auch in unserem Schriftsteller findet er sich abweichend
vom heutigen Sprachgebrauch: 57, 22 *des baisers d'amy qu'on
dit estre si doux.* 80, 11; 171, 2; 191, 32.

E. Partizipia und Gerundium.

1. Participe présent und Gérondif.

Die alte Sprache schied das veränderliche Participe présent
von dem unveränderlichen Gérondif gleicher Form. Im 16. und
Anfang des 17. Jahrhunderts noch ist über die Veränderlichkeit
des Partizips keine Regel durchgedrungen; selbst Vaugelas ge-
lingt es noch nicht, die veränderliche von der unveränderlichen
Form scharf zu sondern. In verbaler sowohl wie in adjektivischer Funktion findet es sich in Numerus und Genus verändert.
(Benoist 45, 104, 105, 205; Darmest. § 210, Garn. 58, Procop 78,
Gräf. 100.) Beispiele über das Schwanken in der Veränderung
des Partizips bei Corneille, Molière, Boileau, Racine, Voltaire
siehe bei Génin, Mol. Lex. 283 ff. und Corn. XI, LV. Ebenso
schwankend bei unserem Schriftsteller, welcher verändert:

a) bei transitiven Verben: α) im Maskulinum Singularis
in einem Beispiel auf -ans: 204, 10 *ô dur changement dont le
tout fut brisé, ... Vous (le roi) faisans destiner Belcar à
la pareille.* — β) im Maskulinum Pluralis: 39, 11 *Nos conseils
prodiguans tout de peuple à credit.* 45, 17; 47, 6.   γ) im
Femininum Pluralis: 123, 8 *Seules ma sœur et moy, ... Chan-
tans à qui mieux mieux quelques airs d'amourettes.*

b) bei reflexiven Verben: im Maskulinum Pluralis:
68, 10 *ces adolescents Du malheur de ma prise entre eux s'es-
jouissants.* 145, 10.

c) bei intransitiven Verben: α) im Maskulinum Pluralis:
52. 20 *Tant de nos grands guerriers par sa main perissants.*
149, 27. — β) im Femininum Pluralis: 32. 7 *la paille en tour-
billon mouvante.* 127, 17; 121, 25. — γ) im Femininum
Pluralis: 148, 13 *Neptun, Qui semble convier nos carènes
dormantes A laborer son dos en rides escumantes.* 124, 10.

d) bei avoir und être. 101. 14 *De fatigues sans fin
nous portons le fardeau, A peine ayans le saoul de mauvais
pain et d'eau.* 37, 3 *d'où vient ... que ceux d'entre vous ...*

Enfin n'y trouvent pas en estans possesseurs, Ce qu'ils ...
123, 5. (Über die gleiche Veränderlichkeit von *ayant* und *étant*
bei Vaugelas vgl. Benoist 206.)

Daneben findet sich die Verbalform auf ant in allen oben
betrachteten vier Fällen auch übereinstimmend mit dem heutigen
Sprachgebrauch behandelt; allerdings ist das Maskulinum Pluralis
transitiver Verben in der grössten Zahl von begegnenden Fällen
flektiert.

e) Die absolute Partizipialkonstruktion, welche in
der Renaissancezeit nach Muster des lateinischen Ablativus absolutus zu grosser Ausbildung gelangte, findet im 16. und 17. Jahrhundert noch sehr häufige Verwendung. (Benoist 186, Gräf. 103).
43, 2 *ce Belcar si vaillant Est digne de pitié, la force luy
faillant.* 204, 10; 225, 8.

2. Participe passé.

a) Das mit *être* konjugierte Participe passé hat sich immer
wie ein Adjektiv nach seinem Subjekt gerichtet (Darmest. § 212),
und eine Stelle wie 145, 20 *O jambes sans vigueur! pauvre
corps sans courage! Que vous estes descheu par le surcroist
de l'aage* ist offenbar einem Versehen zuzuschreiben.

b) Für die mit avoir konjugierten Partizipia setzte
Marot dem schwankenden Gebrauch der älteren Zeit ein Ziel und
stellte die heute geltende Regel auf, welche aber weder in seinem
noch in dem folgenden Jahrhundert allgemein beobachtet wurde;
ja selbst Vaugelas ist noch unsicher in der Behandlung dieses
Partizips. (Benoist 45, 204; Darmest. § 213.) Bei unserem
Schriftsteller herrscht noch kein Gesetz. α) das Partizip richtet
sich nach vorhergehendem Akkusativ: 50, 9 *Nos chefs pour
six soleils la tresve ont transigée.* 28, 2; 92, 3. — β) Doch
ist die Beziehung auf einen vorhergehenden Akkusativ nicht durch-
gehends zu finden. 57, 18 *des braves courtisans M'(Philoline)
ont tenté de regards.* 130, 25. — γ) nach dem folgenden
Akkusativ richtet es sich nur schwankend: 128, 18 *seule d'entre
tous j'ay receus et cachez vos secrets en fiance.* 208, 9 *c'est
mon seul silence Qui m'a de ce trespas causé la violence.*

c) Das Partizip der verbes pronominaux wird seit
alter Zeit mit *être* conjugiert und richtet sich in diesem Falle
wie ein passives Partizip nach seinem Subjekt, ist also auch
noch im 17. Jahrhundert auch bei voraufgehendem Dativ wie im
zweiten Beispiel veränderlich (cf. Darmest. § 214, Garn. 63).
77, 19 *Les plus braves guerriers ... Aux belles de leur temps
souvent se sont jonez.* 122, 34 *mes yeux ... S'estoient laissez
coller l'une et l'autre paupière.*

IV. Adverbia.

Folgende Adverbien aus unseren Stücken, die im 16. und 17. Jahrhundert gebräuchlich waren, sind heute ausgestorben oder veraltet:

1) ainsi weist im 17. Jahrhundert auf eine vorhergenannte Handlung zurück (Corn. XI, 44). 107, 14 *Vous paroissez de nuict et vous cachez de jour . . . ainsi fait mon amour. Vous estes tous ardents et n'eschauffez personne: Ainsi brusle mon cœur.*

2) à ce coup und à cette fois = *cette fois.* (Corn. XI, 226, Mol. Lex. 7.) 32, 2 *Et (je) promets à ce coup . . . A tous ros deux autels une entière hecatombe.* 72, 28 *Or contemoy, l'hulter, comment à ceste fois, Le champ fut balancé.*

3) pour un coup = *encore une fois.* 202, 20 *avant que je meure, entendez pour un coup un discours de ma bouche.*

4) dextrement = *adroitement.* (Corn. XI, 302: „*Corneille l'a souvent employé jusqu'en 1642, à partir de cette époque, il ne s'en est plus servi . . .:*" Académie: „*Avec dexterité. Il est rieux.*") 46, 15 *l'amitié puissante . . . Mesla si dextrement les honneurs aux profits.*

5) au fort = im Grunde. 102, 9 *Au fort, je ne croy pas qu'un bon . . .*

6) de fortune = *par hasard;* ist Mol. Lex. 189 aus Lafontaine belegt. Cf. Gräf. 122. 206, 23 *Elle . . . Recueillit le poignard de fortune tombé.*

7) huy in *ce jour d'huy* = *aujourd'huy* (Gräf. 122, Corn. XII, 37). 36, 25 *les secrets chainons qui jusqu'à ce jour d'huy Ont accroché mon âme.*

8) jà = *déjà* (Gräf. 122; Garn. 64; Sachs †). 47, 29 *jà l'horloge six fois . . . A vidé son vaisseau.*

9) las = *hélas* (Corn. XII, 45; Mol. Lex. 226). 54, 1 *Las! que pleust-il aux Dieux que . . .* Daneben auch *hélas:* 56, 8 *Hélas! ô dieux! hélas!*

10) lors = *alors,* ist im 17. Jahrhundert noch häufig (Gräf. 123; Garn. 63; Corn. XII, 57). 28, 15 *lors il ensage.* Daneben auch *alors:* 171, 18 *que t'en vint-il alors Qu'un desespoir.*

11) mal = *peu,* ist noch heute vorhanden in *malpropre;* Corn. XII, 68 liefert viele Belege für *mal sûr;* Mol. Lex. 235 auch für *mal = peu* in anderen Verbindungen aus Molière und Lafontaine. 55, 4 *Peut-estre qu'il se sent mal seur de son baston.*

12) mesme und mesmes, beide Schreibungen finden sich bei unserem Schriftsteller promiscue, ohne dass sich schon eine

Neigung zu der von Vaugelas aufgestellten und von Corneille teilweise befolgten Regel erkennen liesse: *„quand il (mesme) est proche d'un substantif singulier, je condrois mettre mêmes avec s; et quand il est proche d'un substantif pluriel, je condrois mettre même sans s ... pour empêcher que même arerbe ne soit pris pour même pronom"* (Corn. XII, 81). a) beim Singular ohne *s: 45, 4 Ainsi s'acquiert l'honneur, mesme dans la capture.* — b) beim Singular mit *s: 75, 15 Tout cède à sa fureur, et croy mesmes qu'un Dieu ... combattoit en son lieu.* — c) beim Plural mit *s: 133, 16 tant de douceurs, qui jadis estallées Captivoient et forçoient par leurs appas vainqueurs, Mesmes sans y penser, les plus farouches cœurs.*

13) or = *présentement*, reicht bis ins 17. Jahrhundert. Littré belegt es aus Malherbe, Régnier und Deshoulières; cf. Gräf. 124; Garn. 63. 91, 3 *Or n'est-il encor temps d'ouvrir un tel secret.*

14) plus = *de plus, darantage, encore*, ist im 17. Jahrhundert im Gebrauch. (Darmest. § 261; Gräf. 125; Garn. 67; Corn. XII, 190.) 199, 13 *Que demandez-vous plus!* Plus begegnet im 16. Jahrhundert im Sinne von *plutôt* (Darmest. § 261). 200, 9 *Perdre un enfant perdu, c'est gain plus que dommage.* Den Übergang hierzu bildet die Nachstellung von *plus* in Fällen wie: 49, 25 *Qu'avoit-il d'excellent plus que mon fils et moy.* 52, 15.

15) quand et quand = *en même temps;* wird von der Académie von 1835 noch als *rieux et populaire* aufgeführt; ebenso von Littré 7⁰ (Gräf. 126, Darmest. § 240, Garn. 64). 175, 12 *Livre-luy quand et quand Zorote, ce rieux loup.*

16) quasi = *presque;* bis zum Ende des 17. Jahrhunderts in diesem Sinne vorhanden (Mol. Lex. 331; Sachs; Gräf. 126; Holfeld 59). 98, 5 *je demeure Tormentant le marteau, quasi depuis une heure.* 116, 8.

17) tant ist noch im 17. Jahrhundert statt *si* vor Adjektiven und Adverbien gebräuchlich (Darmest. § 264; Gräf. 127; Garn. 66; Mol. Lex. 390; Corn. XII, 368). 80, 3 *J'en devins tant épris, elle tant amoureuse ...* 154, 7. tant seulement = *seulement:* cf. Gräf. 128. 90, 7 *(il) se rend nostre vassal, esclave de nos loix, Pourveu tant seulement qu'on m'accorde pour femme A luy.*

18) tantost = *bientôt;* ist im 17. Jahrhundert noch gebräuchlich (Gräf. 128; Corn. XII, 370). 195, 19 *Tu parleras tantost.*

19) tout wurde im ganzen 17. Jahrhundert noch geschlechtlich und numeral bei einem Adjektiv verändert; doch begegnen

schon einzelne Schwankungen (Diez III, 15; Holfeld 61; Corn.
XII, 392). a) mit femininaler Endung, auch vor Adjektiv mit
Vokal. 89, 25 *elle tremousse toute*. 136, 22 *M'en voilà toute
esmue*. — b) beim weiblichen Adjektiv, mit Konsonant anlautend,
unverändert: 112, 13 *coir sa fin tout proche*. — c) vor Adjektiv
im Plural verändert: 36, 16 *son ire attisée De malheurs tous
nouveaux*. 39, 26.

du tout = *tout à fait* in positiven Sätzen, während es
heute nur noch unter Negation steht, begegnet im 17. Jahrhundert
(Gräf. 128; Corn. XII, 393, wo allerdings aus Corneille kein
Beispiel mehr gegeben ist) 72, 17 *ils fleschirout du tout sous
l'effroy de la mort*. 59, 17: 81, 17; 191, 27.

20) voire = a) *vraiment*, b) *même*, noch im 17. Jahrhundert gebräuchlich, noch heute zur Erhöhung der Steigerung
verwendet. (Darmest. § 266; bei Corn. XII, 431 nur in der Bedeutung *même*; Gräf. 129; Garn. 66; Hölder 328, 9). a) = *crai-
ment:* 62, 21 *c'est un soucy qui me gesne sans cesse, Qui
m'attache en ce lit. voire, et doit à la fin Me porter à Charon.*
59, 27 *Avisez neantmoins (voire sans qu'elle y pense) Qu'elle
n'abuse point d'une honneste licence* (= freilich). — b) *même:*
38, 27 *Vous mettiez en avant un trop libre traitté, Voire
quittant du vostre.* 103, 7; 115, 6.

21) de vrai = *à la verité;* noch heute nicht ganz ausgestorben (Corn. XII, 136; Mol. Lex. 420; Sachs). 55, 5 *De
vray, je m'en abstiens souvent.* 62, 20; 80, 21.

Anm. Der noch heute in bekannten Verbindungen wie *tenir
ferme, sentir bon* übliche Gebrauch, ein Adjektiv statt eines zu
erwartenden Adverbs zu setzen, findet sich im 16. Jahrhundert
und später noch häufiger (Darmest. § 244, 245): 11, 17 *Voicy
nostre envoyé qui diligent retournae.* 48, 9 *(ferme);* 58, 15
(profonde); 104, 13 *(soudain);* 121, 7 *(voloutaire).*

Adverbia der Negation.

1) Im Afz. genügte ne zur Verneinung, ebenso noch im
16. Jahrhundert, selbst heute noch existiert eine Reihe von Fällen,
in denen die Negation des Komplementes *pas, point* entbehren
kann, z. B. bei *oser, pouvoir* etc. Im 17. Jahrhundert aber wird
der Zusatz von *pas* und *point* zur Regel, Corneille und Molière
liefern kein Beispiel mehr für den älteren Gebrauch (Diez III, 442;
Benoist 207; Gräf. 135; Garn. 68; Corn. XI, 107; Mol. Lex. 252).
In unserem Schriftsteller ist die Negation durch das blosse ne
noch unbeschränkt: 37, 30 *Ils n'ont soin des mefaits dont ils
ne sont pas cause. Le furdeau d'un estat sur leur dos ne fait
pause, Ils ne sont appelez ... tyrans.* 43, 4; 52, 21 etc.;

beim Imperativ besonders häufig: 34, 22 *ne soyez estonné.*
52, 25; 97, 6 etc.

2) Die ursprüngliche Bedeutung von pas und point ist
soweit verblasst, dass sie im 16. und 17. Jahrhundert selbst als
Negationen fungieren können, ohne *ne* (Darmest. § 297). Bei
Corneille und Molière ist diese Weglassung von *ne* in Fragesätzen
noch häufig zu finden, und Vaugelas findet dieselbe eleganter als
die Setzung des *ne*. Corneille hat in seiner Ausgabe von 1660
allerdings das fehlende *ne* in allen Fällen ergänzt. (Gräf. 137;
Garn. 70; Corn. XII, 109 f.; Mol. Lex. 252; Lücking § 397
Anm. 2.) Bei unserem Schriftsteller findet sich diese Erscheinung
sehr häufig in Fragesätzen: 34, 20 *Vois-je pas un heraudt ...?*
55, 15; 60, 18; 103, 2 etc.; ebenso aber auch sonst: 166, 17
Si tu n'es desjà morte, au moins mourras-tu pas, Quand ...
3) Ferner ist *ne* entbehrlich bei ni ... ni, nul, aucun
(Benoist 182, Garn. 72): 48, 8 *Ni vainqueur ni vaincu, a
délaissé le champ.* 106, 7 *le meilleur sera de me celer, Et
nul de mes amis ny parents appeler.* 155, 13. In denselben
Fällen findet sich aber auch pas, point pleonastisch (Benoist 155;
Darmest. § 299; Garn. 71; Mol. Lex. 288). 93, 7 *Ny le pain
ny le vin ne m'ont pas semblé cher.* 198, 13.

4) Im Nebensatz nach nicht verneinten Ausdrücken der
Furcht ist der im Nfz. zum Gesetz gewordene Gebrauch des *ne*
vom Afz. bis in das 17. Jahrhundert und noch bis in die neueste
Zeit Schwankungen unterworfen (Bischoff 30 ff.; Darmest. § 300;
Gräf. 138; Garn. 72; Corn. XII, 108; Mol. Lex. 253 ff.; Lücking
§ 320 und Anm. 4): 89, 20 *et crains que ... il naisse quelque feu.* 51, 16; 103, 3; 131, 11.

5) aussi findet sich noch im ganzen 17. Jahrhundert statt
non plus in negativen Sätzen (Gräf. 137; Garn. 94; Corn. XI, 93;
Mol. Lex. 28; Lücking § 530): 180, 18 *Par nous ny pour
nous seuls nous ne vivons icy; Mourir par nostre main nous
ne devons aussi.* Nicht ganz ebenso: 52, 11 *Je ne le puis
priser, ny le plaindre aussi peu.*

V. Die Konjunktionen.

A. Beiordnende.

1) ains = sondern, vielmehr; scheint später im 17. Jahrhundert nicht mehr zu begegnen (Darmest. § 270; Gräf. 125;
Garn. 95): 57, 16 *Non seulement d'effet ains mesmes de pensée.*
37, 16; 86, 11 etc.

2) et = und daher, wie auch noch nfz. (Lücking § 528
Anm. 3, 2): 81, 17 *Je suis tout à vous, et fiez-vous à moy.*

In der alten Sprache und noch über das 16. Jahrhundert hinaus existiert der Gebrauch, eine Frage, einen Ausruf, besonders nach vorhergehender Anrede, durch et einzuführen (Diez III, 403; Garn. 93). 156, 2 *Ah! mon prince! et qui vous pensoit là?* 109, 1.

In der alten Sprache und noch im 17. Jahrhundert ist eine Verknüpfung durch et ... et ohne Nachdruck üblich, heute würde statt *et ... et* einfaches *et* genügen (Diez III, 402; Garn. 94): 177, 26 *tu n'es pas moins et sensible et soudaine A la compassion que ton père à la hayne.* 203, 2; 205, 4.

Ebenso ausdruckslos auch ou ... ou: 177, 15 *qu'un de ces chevaliers ... Eust ... Annobly de ma teste ou sa lame ou sa lance.*

et anknüpfend an ein verneintes Satzglied findet sich auch heute noch gegen die Forderung der Grammatiker (Garn. 94, Lücking 529). 39, 23 *ce cœur ambitieux ... Qui ne merite en soy La qualité d'un homme et moins celle d'un roy.*

3) Umgekehrt ward afz. ni für et häufig verwandt in verneinten, bedingenden und zweifelnden Sätzen (Tobler, Chev. au Lyon Vatican. Hs.). Ebenso findet es sich statt et und ou noch im 16. und 17. Jahrhundert, um ein negatives Satzglied an einen positiven Satz zu schliessen (Garn. 94). 46, 10 *Quel point d'egalité m'y peut-on faire entendre? Quelle comparaison de peuple ny de roy?* 82, 30 *Nul n'arise au dedaus quiconque entre ny sorte.* 88, 3 *ces demangeaisons, Qui chatouillent bien plus que cirons ny gratelles.* 113, 23 *Ah! le pauvre Belcar! j'ay bien peur qu'il pastisse. Avec qu'elle raison ni couleur de justice!* Ebenso ny ... ny statt et ... et. 207, 17 *J'auray libre en mourant l'esprit comme le corps. Ainsi, que serviroient ny bandeau ny contrainte?*

4) parquoy = *c'est pourquoy* (Darmest. § 286; Gräf. 130). 59, 1 *Reprocher à l'amy ses fautes sans remède C'est plustost l'affliger que luy donner de l'ayde! Parquoy je me tairay de vostre aveuglement ...*

5) si hat von seinen ausgedehnten Funktionen in der alten Sprache (Diez III, 404 ff.; Tobler, Vrai Aniel, Anm. zu Vers 77 und 158) im 16. Jahrhundert schon bedeutend eingebüsst (Darmest. § 291; Garn. 95; Gräf. 130). In unserem Schriftsteller begegnet es nur noch in folgenden Fällen vom heutigen Gebrauch abweichend: a) zur Einführung des Nachsatzes: 59, 6 *quoy que vous soyez si mal apparie, Si vous faut-il brouter où vous estes lié.* 91, 10. — b) nach adverbialen Ausdrücken zur Einführung des Satzes: 193, 12 *avant mon decez, si me la faut-il joindre Pour voir si ma douleur en sera pire ou moindre.*

64, 17. Ähnlich: 121, 5 *Las! si voit-il mon mal ... Mais inhumain qu'il est ... Il ne veut pas me voir d'un regard salutaire.* c) sehr häufig in adversativem Sinne, der heute durch *pourtant, cependant* ausgedrückt wird. So noch bei Corneille und Molière (Corn. XII, 335; Mol. Lex. 373). 92, 4 *Desjà de cruauté j'ay son ame blâmée, Et si n'ay point encor sa pitié reclamée, Je voy que sa presence excite ma douleur, Et si tiens son absence à souverain malheur.* 55, 20: 70, 14 etc. — d) si ... si = sowohl ... als auch. 90, 14 *Car, si pour l'appuyer les filles ou marie, Quel plus ferme support dans toute la Syrie Que luy, qui donne à tous, à nous-mesmes l'effroy? Si pour la qualité, fils unique du roy; Si pour la galantise et les vertus communes, Son entregent fait voir qu'il ne manque en aucunes.* — e) in dilemmatischen Fragen kann im Afz. das zweite Glied die Gestaltung annehmen, welche sonst der Behauptung zukommt; diese Erscheinung erhält sich bis ins 17. Jahrhundert und findet sich bei Corneille und Molière. (Tobler, Zsch. f. rom. Phil. I; Littré *si* No. 17⁰: Corn. XII, 334; Mol. Lex. 274; Gräf. 131.) 180, 2 *Eh quoy! Madame, quoy! Veillé-je, ou si je songe? Et qu'est-ce que je voy!*

6) tant plus ... tant plus = je mehr ... desto mehr, nebst verwandten Ausdrücken erhalten sich nach Darmesteter bis ins 18. Jahrhundert, obgleich Vangelas schon plus ... plus fordert (Darmest. § 293; Gräf. 130; Garn. 93; Corn. XII. 369). 64, 1 *Taut plus ... je pèse et considère La prise de Belcar ... Tant plus je me console.* 186, 23 *Plus mon partement tarde, et taut plus j'apperçoy De peine et de peril ...* 158, 2 *Tant plus l'amour est libre, et mieux il se nourrit.* 171, 1 *un amy ressemble à la colonne, Qui tant plus se roidit et tant moins abandonne Le deu de son appuy, que tant plus elle sent Le sommier imposé sous le poids fleschissant.* In diesem Beispiel ist die Anknüpfung des zweiten Gliedes doppelt gebildet, sowohl durch „que als", als auch durch „tant plus je mehr". Dieselbe Erscheinung auch sonst: 135, 4 *Le feu brusle tant plus que plus il est celé.* Heute nur noch selten wird das früher gebräuchliche plus ... et plus verwendet (Garn. 93, Lücking § 524, Anm. 3). 158, 1 *Plus l'amour se deborde, et plus il se tarit.*

B. Unterordnende.

1) alors que = lorsque, noch heute vorhanden „dans le style élevé, et en poésie" Académie. (Gräf. 132.) 34, 26 *alors qu'il refusoit vos desirs pleins de vent, Il reculoit un peu ...*

2) autant que = tant que, jusqu'à ce que, noch im
17. Jahrhundert gebräuchlich (Corn. XI. 91). 193, 17 *Mon
mortel crève-cœur n'aura point d'allegeance Qu'autant que je
verray prosperer ma vengeance.*
d'autant que = parceque; noch heute in familiärer Rede
vorhanden (Garn. 93). 27, 5 *Abdolomin, duquel il esperoit
venir à bout facilement, d'autant que par la prise de Belear
il ne restoit aucun capitaine.*

3) cependant que = pendant que, obgleich von Vaugelas
nicht gebilligt, erhält sich noch im ganzen 17. Jahrhundert
(Darmest. § 274; Gräf. 132; Garn. 92; Corn. XI, 160; Mol.
Lex. 53). 141, 12 *Retournez à la cour, cependant que je
puise Au fonds de mes pensers un moyen qui nous duise.*
27, 26; 101, 18.

4) combien que = bien que; Corneille ersetzt das einzige
Beispiel in Cid später durch quoique; aus Molière ist es nicht
mehr belegt (Darmest. § 275; Gräf. 132; Garn. 91; Corn. XI, 185).
Über den Modus cf. S. 32. 57, 17 *Combien que maintes fois
des braves courtisans M'ont tenté de regards.* 100, 10.

5) comme: a) comme wird im 17. Jahrhundert noch statt
des nfz. que im Vergleichungssatze nach ainsi, autant, tant etc.
gebraucht (Darmest. § 276; Gräf. 133; Holfeld 60; Corn. XI,
189 ff.; Mätzner, franz. Gram. 537, e.). 78, 21 *s'il en est ainsi
comme le bruit en court.* 132, 20. Daneben auch que: 79, 11
Ainsi qu'elle m'a dit. — b) comme begegnet statt des relativen
que: 87, 18 *Belles comme elles sont.* 217, 15. — c) comme
neben comment im direkten und indirekten Fragesatz ist bei
Corneille und Molière noch häufig zu finden (Gräf. 133; Garn. 65;
Corn. XI, 187; Mol. Lex. 70), selbst im Nfz. ist es nicht ganz
unerhört (Lücking § 255. 75, 31 *(il) Voit comme . . . nous
avançons tousjours.* 127, 26; 208, 28. — d) Tobler bespricht
Zsch. f. rom. Phil. II, 549 : 15 comme in einem Falle, wo es
nicht mehr bestimmt ist „einen Vergleich auszudrücken zwischen
zwei Verschiedenen, sondern bloss, um mit etwas mehr Nachdruck als der ihm folgende präpositionale Ausdruck allein thun
würde, anzuzeigen, dass ein Thun in Gemässheit seines Zieles,
seines Zweckes erfolgt". Dieselbe Erscheinung findet sich auch
in unseren Schriftstücken: 68, 20 *ö belle, qu'on vous voye
Servir comme d'aurore à ce beau jour de joie.* Ebenso
bedeutungslos ist comme in folgenden Fällen, wo ihm nicht
die Präposition de folgt: 216, 23 *Il ne peut s'en purger . . .
Qu'il ne soit comme autheur de cest assassinat.* 79, 17;
217, 8. Cf. hierzu auch comme = en qualité de Corn. XI, 188;
Mol. Lex. 69.

6) devant que = avant que veraltet schon im 17. Jahrhundert (Darmest. § 278; Gräf. 133; Corn. XI, 298). 184, 15 *Que me diriez-vous si devant que la nuit Descouvre avec le char le bonrier qui le suit, Je delivrois Belcar.* 7) puisque = après que; reicht bis ins 17. Jahrhundert (Darmest. § 228; Littré). 159, 5 *Puis qu'au s'en aperceust! Où seroit mon asyle en la terre habitable!* 8) que weicht im 16. und 17. Jahrhundert noch in vielen Punkten von seinem heutigen Gebrauch ab. Darüber ist zu vergleichen Darmest. § 290; Gräf. 135; Garn. 90; Corn. XII, 244 ff. Die hauptsächlichsten Abweichungen sind folgende: a) que ist in Wunschsätzen entbehrlich. — b) que ordnet einen Substantivsatz einem Wunschsatz unter, welcher ein Adverb der Vergleichung enthält, steht also gleich „que que" (cf. lat. quam = quam quod). Diese afz. sehr geläufige Konstruktion (Bischoff 24) findet sich noch im 17. Jahrhundert (Garn. 90, 1; Corn. XII, 246 unter plutôt que; Hölder, 389 Anm. 3). 128, 16 *plustost se darde le tonnerre Sur mes checeux grisons ... Qu'il arienne par moy quelque faute de vous.* — c) que steht pleonastisch (Gräf. 135). 78, 29 *(A) ce mattois grison Luy donneroit plus tost la mort ou la prison. (B) Qu'il ne le feroit pas sans s'en bien repentir!* 196, 23 *A peine a-t-il sursis qu'autant de temps qu'il faut Pour dresser la sentence avecque l'eschaffaut.* Vgl. auch o. S. 42 tant plus que plus.

9) si que = si bien que; ist im 17. Jahrhundert noch vorhanden, trotzdem es Vaugelas verwirft (Garn. 90; Gräf. 136; Corn. XII, 334; Littré si adv. 11⁰). 125, 23 *Il a piqué son cœur d'une flesche pareille; Si qu'aujourd'huy je puis ... Me dire autant aymé que je suis amoureux.*

10) tandis que = pendant que; noch heute nicht unerhört; im 17. Jahrhundert gebräuchlich (Corn. XII, 368). 164, 3 *Tandis qu'au eschaffaut dans la ville s'appreste, Euchaine-le.*

11) tant que = jusqu'à ce que; cf. o. S. 32.

12) voyant que = vu que. 89, 15 *Voyant qu'à toutes deux il daigne recharger La visite et le soin de ce prince estranger.* 97, 15.

VI. Präpositionen.

1) de. Die Präposition de umfasst in der alten Sprache einen weit grösseren Bereich als heutzutage; auch im 16. und 17. Jahrhundert ist sie durchaus nicht bloss auf ihre heutige Verwendung beschränkt (Darmest. § 226; Gräf. 111; Garn. 73).

a) über den Infinitiv mit de vgl. o. S. 33 f.

— 45 —

b) de in seiner ursprünglichen Bedeutung „von ... her‟ liegt vor in den afz. beliebten Wendungen wie *Noble ordene est de cavalerie* (Tobler, Zsch. f. rom. Phil. 1), in welchen die moderne Sprache den von *de* begleiteten Ausdruck einfach als Subjekt setzen würde, ausser in den Fällen, wo dieser Ausdruck ein Infinitiv ist (cf. o. S. 33, 2). Im 16. Jahrhundert und darüber hinaus findet sich diese Konstruktion noch bei *c'est, qu'est-ce* etc. (Garn. 73; Darmest. § 226 No. 6⁰). 32, 4 *Car c'est de vos fureurs ... Q'en ma charge ayant pris des soldats rebutés, Je les ay rasseurez.* 127, 3 *je sçay que c'est de nous, et sçay que c'est des hommes.* (Über das interrogative *que = ce que* im indirekten Fragesatz cf. oben.)

c) Um das Mittel oder die Art und Weise auszudrücken, hat *de* noch heute eine sehr weitgehende Verwendung, noch freier aber verfährt die alte Sprache und die des 16. und 17. Jahrhunderts mit diesem *de* und gebraucht es in vielen Fällen, wo heute andere Präpositionen, *avec, par, dans, en, à* notwendig wären (Corn. XI, 252 ff.; Mol. Lex. 97; Procop 88). 34, 13 *si le destin veult que d'une mort vaillante Je rende à ce combat sa gloire plus brillante.* 73, 30 *Nos camps se ressembloient d'ordonnance à peu près, De cheval et de pied les descocheurs de traits Composaient l'avant-garde.* 187, 21 *Le veneur voit bondir et de course et de sauts Dans les sombres forests une biche lancée.* 57, 16; 194, 6.

d) temporales d e = *depuis, dès* begegnet noch im 17. Jahrhundert; aus unseren Schriftstücken ist es nur in *de long-temps* notiert (Garn. 73; Corn. XI, 254). 102, 20 *Tu sçais que de long-temps nous sommes esbahis de voir.*

e) de = *quant à, sur*, wie afz. auch noch im 17. Jahrhundert gebräuchlich (Gräf. 111; Corn. XI, 254). 34, 17 *Des villes, des tresors, que j'en perde ou j'en gaigne, Il m'est indifferent.* 224, 27 *Que d'offense et deffense en ligne desormais, Nos desseins soient communs et de guerre et de paix.*

f) Von Verben und Adjektiven, welche abweichend vom heutigen Gebrauch mit *de* stehen, sind zu merken: 26, 5 *Pharnabaze ... et Abdolomin ... se resolurent d'en venir à un combat general, et de se choquer de toutes les forces.* 87, 9 *la jeunesse forte et de course et de dent.* 182, 2 *il se tient preparé De s'en voir tost ou tard quelque jour separé.* 209, 18 *Mais, ma reyne, ... qui vous fait condescendre D'avouer comme vostre un crime de Cassandre.* 202, 21 *entendez pour un coup Un discours de ma bouche important de beaucoup.* 28, 1 *elle est preste de se tuer.* 41, 15 *la vergogne ... Les rend Prests à le reparer.*

Das sehr häufig begegnende prest ist ohne Unterschied
mit *de* und *à* konstruiert, wie auch bei Corneille, während noch
Garnier und auch Molière Vorliebe für *de* zeigen (Garn. 76;
Corn. XI, 221 ff.; Mol. Lex. 323). In dem Beispiel 122, 13
*Cyprine ... a permis de saisir ... l'object de son desir. Sans
esgard d'aucuns temps, de personne ou de place* ist die substantivische Natur des *égard* noch wirkend. Sonst findet sich
sans égard nur mit *à* oder *pour* belegt, wie auch in unserem
Schriftsteller: 69, 27 *sans esgard aux plus grandes*.

g) d e war afz. herrschend zur Bezeichnung des Urhebers
beim Passiv und ist im 16. und 17. Jahrhundert noch nicht
durch *par* auf seinen heute nur noch kleinen Bereich beschränkt
(Gräf. 112; Garn. 77; Corn. XI, 252; Procop 88). 103, 4 *J'ay
peur qu'il soit en fin Trompé d'un ennemy si puissant.* 106, 4;
106, 27; 112, 5 und sonst sehr oft, daneben aber auch *par*
schon recht häufig.

h) Der sogenannte Teilungsartikel, dessen Gebrauch
schon afz. angebahnt ist (Diez, III, 44 ff.), kommt erst gegen
das Ende des 16. Jahrhunderts zu allgemeiner Anerkennung, ist
aber im 17. Jahrhundert noch zahlreichen Unregelmässigkeiten
unterworfen (Benoist 15, 16; Darmest. § 149, 150; Gräf. 14;
Garn. 79; Procop 20). In unseren Schriftstücken lässt sich noch
kein Gesetz erkennen, der Teilungsartikel kann stehen oder fehlen,
ganz wie es dem Dichter beliebte, oder wie es der Vers erfor-
derte; doch lässt sich schon eine Vorliebe für die Setzung des
Artikels erkennen. Es folgen einige Beispiele für das Fehlen
des Artikels: 47, 13 *Ce sont tous cerfs craintifs.* 180, 16;
220, 6. Besonders nach Präpositionen ist der Artikel entbehrlich: 83, 1 *Faites donc par argent ou par vin respandu
Glisser quelque billet.* 54, 11; 74, 1; 75, 8; 36, 34. Im
17. Jahrhundert bildete sich der Gebrauch zur Regel aus, den
Artikel vor dem von einem voranstehenden Adjektiv begleiteten
Substantiv im Plural wegzulassen und statt *des* nur *de* zu setzen,
ein Gebrauch, der von den Grammatikern auch auf den Singular
ausgedehnt ward (Benoist 87; Darmest. § 151; Corn. XI, 256).
In unseren Schriftstücken ist zwar dieser Gebrauch auch schon
angebahnt, doch überwiegt noch der volle Teilungsartikel *des:*
mit *de:* 27, 29 *l'amour allume de plus chastes feux.* 44, 22;
47, 20; mit *des:* 36, 22 *Le mortel ... n'attendroit jamais des
extrèmes douleurs.* 57, 17; 144, 19; 155, 1 und sonst. Häufig
fehlt wie vor dem Substantiv der Teilungsartikel auch vor dem
Adjektiv: 37, 6 *vos ames non contentes Ne conçoivent ... que
nouvelles attentes.* 28, 34 und sonst.

i) Nach neutralen Pronominibus und den unter der Be-

zeichnung „Quantitäts-Begriffe" zusammengefassten Wörtern,
zu denen auch die Negationskomplimente gehören, ist nach latei-
nischem Muster im Afz. der Genitiv gebräuchlich, doch kann das
Zeichen des partitiven Genitivs *de* auch entbehrt werden, wie ja
auch nfz. noch in bestimmten Fällen z. B. *force moutons*. Diese
Freiheit reicht bis ins 17. Jahrhundert (Diez III, 150 f.; Benoist 50;
Darmest. § 226; Garn. 78). Bei unserem Schriftsteller finden
sich Abweichungen gegen den heutigen Sprachgebrauch nur noch
in folgenden Fällen: *α*) nach dem neutralen Interrogativum *que*
bei folgendem *plus:* 199, 13 *Que demandez-vous plus!* 294 und
sonst. — *β*) nach dem neutralen Relativum *ce que:* 146, 11
Tout ce que j'ay vaillant, je le baille en pur don. *γ*) nach
der Negation ohne Komplement: 67, 7 *Vous n'avez mal*
qu'autant qu'il vous en avoir. 103, 5; 220, 24.

2) à. a) Lokales à in der Bedeutung „bei; zu" findet
sich in der früheren Sprache noch nicht in Fällen, wo die heutige
Sprache genauere Bezeichnung durch andere Präpositionen vor-
zieht (Darmest. § 219; Garn. 80; Procop 93; Mol. Lex. 1 ff.):
α) à = dans. 203, 16 *Malheureux! qu'ay-je fait, et quelle*
illusion M'a rendu trop sévère, à ma confusion! 34, 13. —
β) à = sur. 41, 8 *L'esclat de roste front ... Agira sans*
harangue au cœur de vos soldats. 141, 29. — *γ*) à = par.
221, 6 *rude misericorde Qui raggrave ma peine au pardon*
qu'elle accorde! 176, 11. — *δ*) à mit dem Infinitiv, wo nfz.
en mit dem Gérondif stehen würde. 53, 15 *prenez vos esbats*
en vostre seul mesnage Tantost à comtempler à vos joyaux
plus exquis, Tantost à calculer les biens par nous acquis. —
ε) à = pour; cf. Villeh. und Joinv. 15; Garn. 83. 197, 16 *Je*
m'en vay donner ordre à son abord heureux. 172, 4. Ebenso
steht auch der Dativ des Pronomen personale statt *pour:* 210, 21
Les malheurs ... communs entre nous deux M'auront une
autre face ... — *ζ*) à zur Angabe des Masses: 198, 4 *Je*
vous ay tous mandez, ô chefs de ma justice ... Non pour
joindre à son crime un tourment tout egal, Car ses sens ne
pourroient souffrir à tant de mal.

b) Temporales à antwortet noch heute neben dem temporalen Akkusativ in vielen Fällen auf die Frage „wann?", doch war
dieser Gebrauch im 17. Jahrhundert noch gewöhnlicher (Garn. 81).
41, 24 *il vous faut à ce jour ou fuir ou mourir.* 32, 2; 72, 28.

c) à zur Einführung des prädikativen Substantivs
cf. oben.

3) à vau (Gräf. 113). 92, 28 *Tous les soucis chagrins*
qui troubloient mon cerveau, A force de bon vin sont allez à
vau l'eau.

4) dedans, dessous, dessus sind im 17. Jahrhundert
noch Präpositionen (Corn. XI, 263, 289, 290; Mol. Lex. 114).
217, 12 *(je) n'ay que trop de peuple* ... *Pour dedans sa*
Sidon le reduire à l'estroit. 195, 16 *Ainsi dessous l'esmail*
d'un florissant gazon Creuse un mortel-aspic son infecte maison.
188, 4 *je sçay que Belcar dessus l'onde s'est mis.*

5) devant, im 16. und 17. Jahrhundert noch temporal:
(Darmest. § 230; Corn. XI, 298; Mol. Lex. 116). 203, 1 *Pleust*
aux dieux que devant ces dures destinées Vous eussiez et
surpris et puny mes menées.

6) en im ganzen 17. Jahrhundert noch statt *dans* und *à*
gebraucht, ist in unseren Stücken noch weit häufiger als *dans*
(Darmest. § 231; Corn. XI, 353 ff.). 27, 15 *en une assemble.*
37, 20; 53, 14 und sonst. 149, 12 *Par là sont parvenus en*
gloire surhumaine Les invincibles fils. 46, 16; 27, 31; 41, 13
und sonst. Vor Städtenamen findet sich *en* noch im 17. Jahrhundert (Gräf. 114; Garn. 85); in unseren Stücken ist es nicht
anzutreffen, wohl aber *dans* statt *à.* 31, 7 *Hercul* ... *Qui*
vois comme dans Tyr on revère ton temple.

ès = *en les*, im 16. Jahrhundert recht häufig, ist auch
in unseren Stücken noch oft anzutreffen; bei Corneille und Molière
aber ist es ausser in den noch heute üblichen Wendungen nicht
mehr belegt (Gräf. 115, Garn. 84): 43, 14 *Qu'ès mains de*
l'ennemy je sois tombé. 50, 14; 102, 7.

7) entre = *parmi*, ist im 16. Jahrhundert noch häufig,
bei Corneille und Molière aber nicht mehr belegt: 31, 9 *Mon*
patron, je t'estime entre les flambeaux le soleil radieux.

8) par wird im 17. Jahrhundert noch temporal neben
pendant gebraucht (Garn. 85; Corn. XII, und Mol. Lex. liefern
keine Belege). 26, 2 *apres s'estre fait la guerre l'un à l'autre*
par l'espace de dix ans. Ferner steht par bei *fois* mit einem
Zahlwort neben dem blossen Akkusativ (cf. Garn. 85; Hölder
S. 244, 2). 48, 11 *Pour nous, par quatre fois, le sort a*
balancé.

9) parmi in seiner ursprünglichen Bedeutung „mitten
durch, mitten in" ist im 17. Jahrhundert noch gebräuchlich
(Garn. 88; Corn. XII, 154; Mol. Lex. 281; Darmest. § 237).
37, 11 *Roys* ... *qui parmy nos honneurs Sommes tousjours*
en butte aux chagrins et frayeurs. 190, 16 *parmy l'air*
serain Ce navire odieux paroist encor à plain! 124, 9; 192, 30.

10) pour findet sich nach afz. Weise (Darmest. § 238;
Garn. 86). 40, 1 *Eh! pour Dieu, compagnon, si* ...

11) quand (quand) et = *en même temps, avec*, reicht
noch bis in die neueste Zeit (Darmest. § 240; Littré; Garn. 89;

Gräf. 117). 100, 11 *S'ils tombent quand et nous en disette importune*. 151, 14.

12) **vers**, im 17. Jahrhundert noch von freierem Ge
brauch als heute, steht statt *encers, à* (Gräf. 118; Garn. 86;
Corn. XII, 421; Mol. Lex. 410). 52, 28 *Il seroit plus doux
vers ce prince abbattu*. 104, 3 *Un certain escalier, qui vers
ma chambre monte* . . .